Skorpion Horoskop 2024

Angeline A. Rubi

Alina A. Rubi

Unabhängig veröffentlicht

Alle Rechte vorbehalten © 2024.

Astrologin: Alina A. Rubi

Redaktionelle Bearbeitung: Alina. Rubi und Angeline A. Rubi

rubiediciones29@gmail.com

Wer ist Skorpion?

Termine: 24. Oktober - 22. November

Tag: Dienstag

Farbe: Schwarz, Dunkelblau, Rot

Element: Wasser

Kompatibilität: Stier, Fische

Symbol: ♏

Modus: Festgelegt

Polarität: Weiblich

Herrschender Planet: Pluto und Mars

Haus: 8 Tod und Sex

Metall: Eisen

Quarz: Smaragd, Onyx, Turmalin

Konstellation: Skorpion

Skorpion-Persönlichkeit

Der Skorpion ist ein intensives Zeichen mit einer emotionalen Energie, die im gesamten Tierkreis einzigartig ist. Obwohl sie ruhig erscheinen mögen, haben Skorpione eine große innere Anziehungskraft.

Sie sind mächtig und ihr Charakter kann für andere von Vorteil sein, aber auch Risiken mit sich bringen. Ihre Hartnäckigkeit und Willenskraft sind einzigartig, aber sie sind dennoch übermäßig empfindlich und leicht von den Umständen um sie herum beeinflusst.

Der Skorpion hat eine rätselhafte Persönlichkeit. Er gibt seine Gefühle nie preis. Voller Glamour und Charisma erobert er leicht die Aufmerksamkeit aller. Er ist faszinierend und aufrichtig und deutet seine Anwesenheit mit Diskretion an.

Er betritt nicht dramatisch einen Raum in der Hoffnung, Aufmerksamkeit zu erregen; stattdessen zieht er es vor, durch seine Anziehungskraft zu überreden, zu verführen und zu überzeugen.

Diese persönliche Macht verleiht ihnen eine ungewöhnliche Fähigkeit zur Manipulation. Sie sind gefühlsbetont und leicht zu verletzen, ja sie können sogar völlig die Geduld verlieren, wenn sie den Eindruck haben, dass jemand sie beleidigt hat, und sei es auch nur fälschlicherweise. Sie wissen nicht, wie man sich verstellt und können übermäßig kritisch sein.

Der Skorpion ist unaufhaltsam, wenn er sich etwas vornimmt. Seine Stärke wird fast zur Besessenheit. Nichts und niemand kann ihn aufhalten. Diese Eigenschaft verleiht ihm eine große Fähigkeit zur Verwirklichung, wenn er sich zutiefst verpflichtet fühlt, etwas zu erreichen.

Sie zeigen nur selten ihre wirklichen Gefühle; dies ist keine Vermeidungsstrategie, sondern ihre bevorzugte Methode, um zu vermeiden, dass ihre Gefühle verletzt werden. Das macht sie zu einer ständigen Beute von Stress. Aber das hindert sie nicht daran, anzugreifen.

Sie können mit ihren Worten verletzend sein, mehr noch als mit ihren Taten. Vor allem, weil sie immer falsch denken.

Sie sind um das Wohlergehen ihrer Familie besorgt. Es macht ihnen nichts aus, die ganze Last der Familie zu tragen und ihr Schutz zu bieten.

Der Skorpion ist äußerst intuitiv und kann weit über andere Zeichen hinaussehen. Er ist ein ausgezeichneter Beurteiler des Charakters und kann enormes Einfühlungsvermögen entwickeln.

Diese Fähigkeit macht es ihnen leicht, das Vertrauen aller zu erobern. Sie sind zutiefst umgänglich, aufrichtig und großzügig in ihrer Aufmerksamkeit für die Bedürfnisse anderer. Um keinen Groll zu hegen, müssen sie genau verstehen, was der Grund für die

Handlung der anderen Person war. Nur so Kennel sie vergessen und verstehen.

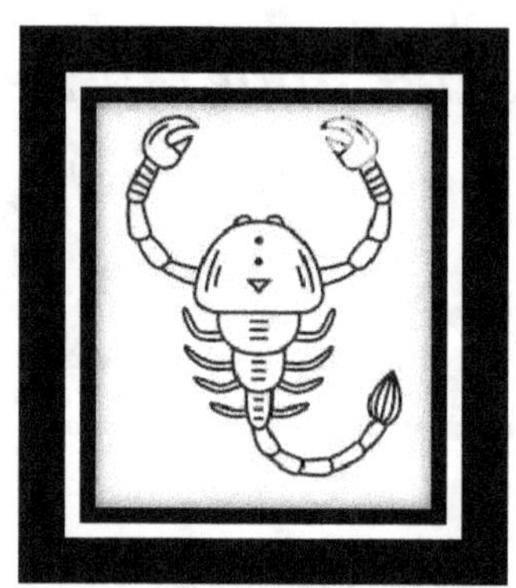

Allgemeines Skorpion-Horoskop

Dies wird ein aufregendes und intensives Jahr werden, also sehen Sie ihm mit einer fröhlichen Einstellung entgegen. Seien Sie auf einige ernsthafte Turbulenzen vorbereitet. Es ist wichtig, einen offenen Geist zu bewahren, denn es wird Chancen, aber auch unerwartete Herausforderungen geben. Wenn Sie sich eine flexible Haltung bewahren, können Sie das Beste aus diesen Umständen machen und sie in positive Erfolge umwandeln.

Obwohl es im Laufe des Jahres Hindernisse geben kann, sollten Sie als Skorpion nicht den Glauben verlieren. Erwarten Sie das Unerwartete und bereiten Sie sich auf das Schlimmste vor.

Halten Sie sich von allen Arten von Versuchungen fern und analysieren Sie die Vor- und Nachteile, bevor Sie wichtige Lebensentscheidungen treffen.

Seien Sie ehrlich, verlieren Sie nicht Ihre Würde und verlieren Sie nicht die Hoffnung, wenn Sie herausgefordert werden. Dies ist ein Jahr der bedeutsamen Veränderungen, überdenke regelmäßig deine Position im Leben. Arbeiten Sie weiter, und schwimmen Sie gegen den Strom.

Während der Vollmondphasen können Sie die Ergebnisse der Projekte sehen, an denen Sie gearbeitet haben. Sie müssen sich selbst, Ihre Wünsche und Bedürfnisse in den Vordergrund stellen.

Während Neumondperioden werden Ihre Energie und Ihr Enthusiasmus hoch sein. Sie sollten die Initiative ergreifen und nach Möglichkeiten für neue Anfänge suchen.

In diesem Jahr werden Sie eine allgemeine Veränderung in Ihrem Leben, in Ihrer Herangehensweise und in Ihrem Ausblick spüren. Es ist eine subtile Veränderung, die vielleicht nicht sofort offensichtlich erscheint. Sie werden die Entschlossenheit haben, Ihre Ziele trotz dieser Herausforderungen zu erreichen.

Wenn Sie daran denken, eine Beziehung einzugehen, zu heiraten oder Kinder zu bekommen, wäre dies das richtige Jahr. Sie werden von Ihrer Familie Unterstützung und Liebe erhalten.

Versuchen Sie immer, in allem, was Ihnen in diesem Jahr begegnet, das Positive zu sehen; Ihre Bemühungen werden sich in den letzten drei Monaten des Jahres auszahlen. Warten Sie nicht darauf, dass die Dinge vom Himmel fallen, gehen Sie ihnen nach.

Sie werden jedoch über viel geistige Energie verfügen und Ihre Pläne in die Tat umsetzen. Aus diesem Grund sollten Sie Ihre Ideen und Ihren Geist pflegen und bei Ihren Plänen einfallsreicher sein.

Während der Finsternis Perioden können Sie sich auf Ihr Unterbewusstsein einstimmen und Ihre Probleme verstehen. Dies kann eine wichtige Zeit sein, um loszulassen und etwas oder jemanden loszuwerden, der dich seit einiger Zeit belastet hat.

Ihre Familienmitglieder werden Sie unterstützen, Sie werden sich sicher und geborgen fühlen, und Ihre echten Freundschaften werden stark bleiben. Diejenigen, die Sie wirklich lieben, werden mit Ihnen durch dick und dünn gehen. In der Mitte des Jahres müssen Sie auf den Verrat einer Freundschaft achten. Sie werden vor dem Dilemma stehen, ob Sie die Person zur Rede stellen oder die Dinge auf sich beruhen lassen sollen.

Sie werden in diesem Jahr in Form sein, Ihre Energie wird stark sein, aber passen Sie auf, dass Sie sich nicht überanstrengen. Machen Sie Pausen, wenn es nötig ist, Sie müssen Erschöpfung vermeiden.

Liebe

Neue Menschen werden in Ihr Leben treten. Du kannst Kompromisse eingehen und dich von denen trennen, zu denen du keine gute Beziehung hast.

Es ist an der Zeit, dass du die Liebe ernst nimmst und daran arbeitest, vergangene Liebestraumata zu beseitigen. Diese können aus jüngeren Jahren oder aus früheren Leben stammen. Diese Reinigung wird dir helfen, die emotionalen Bindungen zu stärken, die du mit anderen hast.

Das Jahr ist günstig für Eheschließungen und die Geburt von Kindern, was Freude und Glück in Ihr Heim bringen wird, nutzen Sie dies, um Ihre Familienbande zu verbessern.

Skorpione in einer Beziehung werden eine sehr entscheidende Zeit erleben. Achten Sie darauf, dass Sie Ihrem Partner gegenüber loyal und ehrlich sind und Ihre Gefühle teilen. Für einige Skorpione wird sich eine Freundschaft in eine Liebesbeziehung verwandeln.

Wenn Sie alleinstehend sind, haben Sie die Chance, die Liebe zu finden, oder dass er/sie Sie findet. Hetzen Sie nicht, nehmen Sie sich Zeit, analysieren Sie die Person und hören Sie auf Ihr Herz.

Am Ende des Jahres kann es für die Verlobten zu Missverständnissen und Täuschungen kommen und sie können im Namen der Liebe betrogen werden.

Das Leben hat Sie in vielerlei Hinsicht geprüft und Sie vor schwierige Situationen gestellt, aber Sie haben sich ihnen gestellt und ihnen mit Präzision getrotzt, also müssen Sie geduldig sein. All diese Erfahrungen haben dich zu dem gemacht, was du bist. Du bist stark und mutig geworden, und nichts stellt dich in Frage. Trotzdem hast du immer noch Angst, deine Gefühle auszudrücken. Dieses Jahr wird dir viele Lektionen erteilen, die du ignoriert hast, weil du so getan hast, als wärst du jemand, der keine Gefühle hat. Deine Gefühle auszudrücken ist wichtig.

Zusammenfassend lässt sich sagen, dass Sie, wenn es um Herzensangelegenheiten geht, ein Jahr mit tiefen emotionalen Verbindungen und transformativen Beziehungen erleben werden. Egal, ob Sie alleinstehend sind oder sich in einer festen Beziehung befinden, die Planeten ermutigen Sie dazu, Ihre Verletzlichkeit anzunehmen und Ihr Herz für die Liebe zu öffnen. Vertrauen Sie immer auf Ihre Intuition.

Es ist wichtig, dass Sie in diesem Jahr ein Gleichgewicht zwischen Ihrem Arbeits- und Privatleben wahren. Gut durchdachte Pläne werden zu positiven Veränderungen führen. Sie werden Stabilität und Komfort in Ihrem persönlichen und beruflichen Leben finden; Sie werden eine reife Perspektive entwickeln.

Wirtschaft

Sie beginnen das neue Jahr, indem Sie sich intensiv mit Geld, Ihrer finanziellen Situation und den Ressourcen, die Sie besitzen, beschäftigen.

Während der rückläufigen Phase des Merkurs werden Sie Herausforderungen meistern und versuchen, Blockaden zu lösen.

Sie werden finanzielle Gewinne erzielen, aber vielleicht sind Sie mit diesen Gewinnen nicht zufrieden. Der Jahresbeginn ist nicht der richtige Zeitpunkt, um große Investitionen zu tätigen oder Risiken einzugehen.

Es ist ratsam, bei Ihren Investitionen und Transaktionen wachsam zu sein, denn ein falscher Schritt kann sich auf Ihre Investitionen auswirken und Sie auch emotional beeinträchtigen; seien Sie in diesem Jahr umsichtig mit Ihren Finanzen.

Sie werden neue Einkommensquellen erschließen, und wenn Sie in Streitigkeiten verwickelt sind, wird das Geld diesen ein Ende setzen. In der zweiten Jahreshälfte könnten Sie unerwartete Ausgaben für Reisen, Gesundheit und die Reparatur von Geräten oder Ihres Autos haben.

Arbeit ist Ihnen wichtig, und Sie glauben daran, dass man hart arbeiten muss, anstatt sich den Weg zu vereinfachen. In diesem Jahr werden Ihre Hingabe und Ihre Willenskraft Sie zum Erfolg führen. Ihre Leidenschaft für Ihre Arbeit wird von Ihren Kollegen bewundert werden, und Ihre Bemühungen werden Ihnen als Vorbild dienen.

Skorpion Gesundheit

Es ist wichtig, sich um Ihre Gesundheit zu kümmern. Sie haben sich ungesunde Gewohnheiten angewöhnt, z. B. übermäßigen Alkoholkonsum und das Auslassen des Frühstücks zugunsten eines späten Mittagessens. Diese Gewohnheiten können sich negativ auf Ihr Wohlbefinden auswirken. Es ist wichtig, sie zu ändern und einen gesunden Lebensstil anzunehmen.

Auch wenn Sie Ihre Vorliebe für alkoholische Getränke nicht ganz aufgeben können, versuchen Sie, deren Konsum und Häufigkeit zu reduzieren.

Meinungsverschiedenheiten mit Ihren Arbeitskollegen, vor allem in der Mitte des Jahres, können Ihnen Stress bereiten. Die Unfähigkeit, Ihre Gefühle auszudrücken, kann Ihre Ängste verstärken.

Stress und Angst können Probleme mit dem Blutdruck und der Verdauung auslösen.

Achten Sie auf einen ausgewogenen Umgang mit Bewegung, denn Überanstrengung kann Stress verursachen. Achten Sie auf Aktivitäten, die gut für Herz und Seele sind. Lachen und Freude sollten Sie begleiten, um Ihr Wohlbefinden zu erhalten.

Familie

In Ihrem Heim- und Familienleben wird es einige Probleme geben, aber für alle gibt es Lösungen.

Sie könnten Konflikte mit Ihren Familienmitgliedern haben. Die Gesundheit eines nahen Verwandten könnte beeinträchtigt sein, und das könnte der Grund für die unglückliche Atmosphäre in Ihrem Haus sein.

Es kann sein, dass Sie an einem völlig anderen Ort leben, mit neuen Menschen, oder dass Sie nach Möglichkeiten suchen, Ihr Zuhause oder die Menschen, die Sie als Familie betrachten, zu verändern.

Zwischen Februar und März ist die beste Zeit für einen Umzug oder eine Renovierung der Wohnung.

Sie sollten sich bemühen, die Beziehungen zu denen, die Sie als Familie betrachten, zu pflegen, um sie sicherer zu machen.

Wichtige Termine

23.4. Vollmond in Skorpion. *Du musst auf deine Neigung zu Eifersucht und Rachegelüsten achten. Dieser Mond ist ein Synonym für Tiefe und Wiedergeburt, er lädt dich ein, tief in dich hineinzugehen, um Wunden zu überwinden und neu geboren zu werden. Vielleicht fühlen Sie sich von Natur aus dazu hingezogen, sich von Dingen oder Menschen zu befreien, die Ihrem Weg nicht mehr dienen.*

23.9. Venus wechselt in den Skorpion. *Dieser Transit ist ungeheuer kraftvoll, denn er wird dich darauf ausrichten, deine Beziehung zur Intimität zu verändern. Du hast in diesem Zyklus die Gelegenheit, dich für einen neuen Kontakt mit deiner eigenen Intimität zu öffnen.*

13.10. Merkur tritt in den Skorpion ein. *Dein Verstand wird aktiviert, der dich über das Oberflächliche hinaussehen lässt und dich mit deiner Intuition verbindet. Geheimnisse können an die Oberfläche kommen und alles Verborgene enthüllen.*

22.10. Sonne tritt in Skorpion ein.

11/01 Neumond im Skorpion. *Einer der wichtigsten Momente des Monats, wenn du dich mit deinem energetischen Potenzial verbinden willst.*

Transformiere auf positive Weise alles, was eine Veränderung in deinem Leben erfordert.

Monatliche Horoskope für Skorpion 2024

Januar 2024

Der Monat beginnt mit einer starken Konzentration auf berufliches Wachstum und finanzielle Stabilität. Nutzen Sie Ihre Intuition und Intelligenz, um in Ihrem Berufsleben bedeutende Fortschritte zu machen. Lassen Sie sich von erfahrenen Menschen beraten.

Sie stehen am Anfang eines wichtigen Moments in Ihrem Leben, in dem Veränderungen anstehen, und deshalb ist es wichtig, dass Sie bereit sind, diese Veränderungen, die in Ihrem Leben stattfinden werden, zu akzeptieren.

Vielleicht versuchen Sie, ein Projekt abzuschließen, aber Ihre Vorstellungskraft funktioniert nicht so, wie sie es normalerweise tut. Dies ist eine vorübergehende Situation.

Kann aus einer Freundschaft auch Liebe werden? Natürlich, aber bevor Sie diesen entscheidenden Schritt tun, sollten Sie einige Aspekte berücksichtigen. Analysieren Sie, ob diese Freundschaft Ihre Wünsche teilt.

Wenn es um Ihre Gesundheit geht, sollten Sie nicht an den Ausgaben sparen. Wenn Sie heute investieren, werden Sie morgen an den medizinischen Kosten sparen. Vorbeugen ist besser.

Glückszahlen
15 - 19 - 22 - 31 - 36

Februar 2024

Es ist ein guter Monat für dich, um in diese Fernbeziehung zu investieren. Sie haben genug Informationen, um dieser Person ein Geschenk zu machen, ohne dass es dafür einen besonderen Grund gibt. Damit werden Sie ihm/ihr ankündigen, dass sein/ihr Leben an seiner/ihrer Seite voll von angenehmen Überraschungen sein wird.

Du solltest nicht immer dem Rat der Älteren folgen, sie haben mehr Erfahrung in Liebesangelegenheiten und wollen dein Wohl, aber deine Intuition ist in diesem Monat der beste Kompass.

In diesem Monat geht es vor allem darum, dass Sie neue Chancen in Ihrem Arbeitsleben wahrnehmen. Der Himmel ist die Grenze, aber das Universum wird es nicht für dich tun. Du solltest nach Möglichkeiten suchen, dein Einkommen zu erhöhen, entweder durch ein Unternehmen oder durch die Aufnahme einer freiberuflichen Tätigkeit.

Sie werden sich in einer Phase befinden, in der Sie neu definieren, wer Sie sind und wie Sie sich darstellen. Das Universum fordert Sie auf, auf Ihren Beruf zu achten. Wenn es nicht der ist, den du dir wünschst, dann ist jetzt die Zeit für einen Wechsel.

Jemand aus Ihrer Vergangenheit wird wieder in Ihr Leben treten. Sei darauf vorbereitet.

Glückszahlen
4 - 14 - 23 - 27 - 29

März 2024

Es ist ein hervorragender Monat für die Liebe, was bedeutet, dass Sie all die Leidenschaft, die Sie für diesen besonderen Menschen in Ihrem Leben oder für die Person, die Sie erobern wollen, empfinden, entfesseln können.

Obwohl Sie bei Ihrer Arbeit immer Ihre Meinung sagen werden, ist es notwendig, dies mit Vorsicht zu tun, weil die Dinge eine Wendung nehmen, die nicht dem entspricht, was Sie sich vorgestellt haben.

Die Liebe hat Sie mit ein bisschen Angst, es ist wahrscheinlich, dass die Beziehung, die Sie haben, nicht gut ist und Sie beschließen, Ihren eigenen Weg allein zu gehen.

Du lebst eine Affäre mit einer Person, die dir nicht das gibt, was du brauchst, es ist nicht nur Spaß, was du suchst, sondern auch etwas Stabileres, du solltest das in den Vordergrund stellen, was du willst und nicht das, was die andere Person will.

Am Ende des Monats ist es angebracht, eine Pause von der Hektik der Arbeit zu machen. Das Energieniveau ist hoch. Sie werden in intensive Konflikte verwickelt sein.

Glückszahlen

6 - 13 - 21 - 25 - 29

April 2024

Du lebst eine Affäre mit jemandem, der dir nicht das gibt, was du brauchst, es ist kein Spaß, was du suchst, sondern auch etwas Beständiges, du solltest das in den Vordergrund stellen, was du willst und nicht das, was die andere Person will.

Sie werden in der Lage sein, Arbeitssituationen mit einer entspannten Haltung anzugehen und das, was auf Sie zukommt, ohne Widerstand zu akzeptieren. In diesem Monat ist besondere Aufmerksamkeit gefragt, wenn es um Geld geht. Sie müssen jedoch bedenken, dass zu viel Vorsicht oder übermäßige Schüchternheit auch gegen Sie arbeiten.

Angespannte Planetenaspekte werden es Ihnen erschweren, den Geldbetrag zu verdienen, an den Sie sich gewöhnt haben. Das Universum schränkt Ihre Möglichkeiten ein.

Ihre sozialen Netzwerke werden Ihnen helfen, jedes Problem zu überwinden, und Sie werden neue Kunden gewinnen können.

Am Ende des Monats verfügen Sie über außergewöhnliche sexuelle Energie.

Um erfolgreich zu sein, müssen Sie Risiken eingehen, die Angst lähmt Sie und überwältigt Ihre Vernunft. Sie sind der Einzige, der diese Situation ändern kann.

Glückszahlen
3 - 13 - 24 - 25 - 26

Mai 2024

Die Routine des täglichen Lebens könnte in diesem Monat langweilig für Sie sein, deshalb suchen Sie heute vielleicht nach etwas Drama, um Ihr Leben aufzupeppen. Wenn Sie eine Romanze finden, sollten Sie darauf achten, keinen Ärger zu verursachen, denn Sie könnten die Gelegenheit verpassen, die wahre Liebe zu finden.

Es ist der richtige Zeitpunkt, um Ihre Wirtschaft zu analysieren und zu prüfen, ob Sie es besser machen können. Es ist der ideale Zeitpunkt, um notwendige Änderungen vorzunehmen.

Ihre körperliche Gesundheit wird gut sein, Sie werden sich energiegeladen fühlen, aber Ihr emotionales Gleichgewicht wird sehr unausgeglichen sein. Es ist die richtige Zeit, um deine Ideen zu klären und Zweifel auszuräumen.

Sie werden sich auf Ihre Familie und Ihr Zuhause konzentrieren. Sie werden in Ihrem Haus anwesend sein, und sie werden einen Gedankenaustausch führen, der es Ihnen ermöglicht, ihre Anliegen eingehend kennenzulernen.

Seien Sie nicht ängstlich, treiben Sie keine Risikosportarten und lassen Sie es ruhig angehen. Sie könnten einen kleinen Unfall haben.

Es gibt verborgene Kräfte um Sie herum, die Ihrem Liebesleben abträglich sein könnten.

Glückszahlen
4 - 16 - 18 - 23 - 24

Juni 2024

Wenn Sie verheiratet sind oder ein Paar sind, sollten Sie Konfrontationen vermeiden, sonst werden Sie den Monat mit Streit verbringen. Es ist offensichtlich, dass Sie in vielen Dingen nicht gleich denken, aber vermeiden Sie Streit.

Wenn Sie keinen Partner haben, wird Ihr soziales Leben aktiv sein. Sie werden gerne mit Ihren Freunden ausgehen. Sie werden mit allen Arten von Menschen auf allen Ebenen zu tun haben. Sie werden auch Treffen oder Abendessen zu Hause haben.

Die Verpflichtungen und Verantwortlichkeiten Ihres täglichen Lebens werden Sie am Ende des Monats erdrücken. Nehmen Sie die Dinge nicht zu ernst, das ist einschränkend und belastend. Versuchen Sie, trotz der Probleme gute Laune zu verbreiten und positiv zu bleiben.

Einige Leute werden Ihnen in die Quere kommen und die Verantwortlichen werden Sie nicht bevorzugen. Sie könnten isoliert werden, was Gefühle des Unmuts und der Frustration hervorruft. Das Gefühl der Frustration kann Sie entmutigen und Sie dazu bringen, Ihre Ziele aufzugeben. Die Konsistenz Ihrer Ideen wird bewertet werden.

Die Planeten werden Sie veranlassen, von jemandem aus Ihrer Vergangenheit zu hören. Wenn es sich um einen Ex handelt und Sie nicht interessiert sind, zögern Sie nicht, einfach nein zu sagen.

Glückszahlen
5 - 14 - 15 - 33 - 34

Juli 2024

Ihre Pläne, sich Anfang des Monats mit einer Gruppe von Freunden zu treffen, könnten aufgrund unerwarteter Ereignisse abgesagt werden. Das könnte Sie traurig stimmen, besonders wenn ein romantisches Interesse im Spiel ist.

Achten Sie darauf, dass Sie sich nicht negativ über jemanden oder etwas bei der Arbeit äußern. Jemand könnte Sie hören und ein Geheimnis könnte aufgedeckt werden. Wenn dies der Fall ist, werden Sie sich in einem Schlamassel wiederfinden.

Die Last des Stresses, die auf Ihren Schultern lastet, wirkt sich äußerst negativ auf Ihre Psyche aus, auch wenn Sie es nicht bemerken. Tun Sie alles, was Sie können, um die Spannung, die in der Luft liegt, zu kanalisieren.

Nächtlicher Missbrauch kann dazu führen, dass Sie nicht mehr verantwortungsbewusst arbeiten können. Das ist eine schlechte Idee; Sie brauchen Ruhe. Sie brauchen Zeit für sich, um sich zu erholen und Kraft zu sammeln, damit Sie der Welt mit klarem Kopf begegnen können.

Familie und Freunde, die Sie von ganzem Herzen lieben, werden um Ihre Aufmerksamkeit buhlen. Das erregt Sie, aber das Problem ist, dass Sie mit Ihrem Partner allein sein wollen.

Schütteln Sie Ihren Körper so, dass er sich daran erinnert, dass er lebt. Gehen Sie raus, gehen Sie spazieren und genießen Sie die Sonne.

Glückszahlen
12 - 13 - 20 - 24 - 32

August 2024

Jemand wird Ihnen sagen, dass Ihre Beziehung heikel ist, und das wird Sie sehr ängstlich machen. Hinter dieser perversen Bemerkung verbirgt sich Neid.

Wenn Sie allein sind, machen Sie sich Sorgen, dass es nichts gibt, was Sie mit der Person, die Sie interessiert, verbindet, und deshalb haben Sie den entscheidenden Schritt nicht getan, der bedeuten würde, dass Sie ihm/ihr Ihre Gefühle offenbaren.

Erstellen Sie eine Liste von Personen, die Sie bei Problemen mit Ihrer Arbeit um Rat und Hilfe bitten können. Pflegen Sie diese Beziehungen mit häufigen Kontakten. Es ist gut zu wissen, auf wen Sie zählen können, und es ist am besten, diese Personen in der Nähe zu haben.

Es heißt, wer zuerst zuschlägt, schlägt am härtesten zu. Dies ist der perfekte Monat, um das mit den Krankheiten zu tun, für die Sie anfällig sind. Planen Sie eine kalziumreiche Ernährung mit Milch und Käse und verzichten Sie auf Fette und Kohlenhydrate. Wenn Sie Ihre Ernährung vernachlässigt haben, ist eine Entschlackungskur von Vorteil. Wenn Sie die Giftstoffe loswerden, die sich in Ihrer Leber angesammelt haben, können Sie besser denken und haben produktive Ideen.

Am Ende des Monats werden Sie feststellen, dass nicht alles so ist, wie es scheint, wenn es um Freunde geht.

Glückszahlen
2 - 7 - 8 - 10 - 19

September 2024

Einige unwichtige Missverständnisse werden in den ersten Tagen des Monats zu Unbehagen bei dem Paar führen, insbesondere bei Paaren, die erst seit kurzem zusammen sind.

Wenn Sie Zeit damit verbringen, sich gegenseitig kennenzulernen, werden Sie erfahren, wie der andere die Welt versteht. Nach Gesprächen und Vereinbarungen, die für Sie beide von Vorteil sind, wird sich alles regeln.

In diesem Monat haben Sie die Möglichkeit, Ihren gewählten Beruf zu stärken. Es wird für Sie von Vorteil sein, einen Auffrischungskurs in Ihrem gewählten Bereich zu besuchen.

Sie müssen darauf achten, was Sie essen, um Ihr Verdauungssystem vor industrialisierten Lebensmitteln zu schützen.

In Ihrer Familie wird es emotionale Veränderungen geben. Es werden positive Veränderungen sein. Sie werden wieder mit Menschen in Kontakt kommen, die Sie für distanziert hielten. Sie werden den Wert einer zweiten Chance erkennen, und Sie werden entdecken, dass nicht alles so ist, wie es scheint.

Es ist sinnlos, Ihnen jetzt zu sagen, dass Sie sich keine Sorgen um Geld machen müssen. Sie sollten jedoch versuchen, vorsichtig zu sein. Denken Sie daran, nicht zu viel auszugeben.

Glückszahlen
7 - 25 - 28 - 31 - 34

Oktober 2024

Wenn Sie alleinstehend sind, ist dies ein guter Monat, um sich zu verlieben und eine gefühlvolle Beziehung einzugehen. Sie werden ihn oder sie auf Seminaren, Konferenzen oder sogar in der Kirche treffen. Wenn Sie verheiratet sind, unterstützt Ihr Partner Sie in allem, was Sie tun, und Sie fühlen sich privilegiert, beschützt zu werden.

Sie werden bedeutsame Veränderungen in Ihrer Arbeit erleben. Es wird eine Menge Stress und Veränderungen geben, aber alles positiv. Sie werden besonders viel Glück haben. Sie haben Hilfe von sehr gut platzierten Freunden, die Ihre Projekte unterstützen.

Zu Hause und deine Familie werden dich in allem unterstützen. Du wirst dich glücklich fühlen, weil alles funktioniert. Es wird ein Monat zum Reisen sein, um die Familie zu besuchen und auch neue Länder kennenzulernen. Du wirst auf deinen Reisen neue Freunde finden.

Das gesellschaftliche Leben wird ständig aktiv sein. Sie werden viele Partys besuchen, viel Spaß!!!

Sie werden einen Überschuss an Energie haben, der Ihnen helfen wird, alles zu erledigen, was Sie schon lange aufgeschoben haben. Allerdings kann so viel Vitalität das Einschlafen beeinträchtigen. Versuchen

Sie, die Schlaflosigkeit mit einem Lindenblütentee zu lindern.

Glückszahlen
2 - 6 - 8 - 11 - 19

November 2024

Es gibt Projekte, die schon seit einiger Zeit blockiert sind, aber in diesem Monat aktiviert werden könnten. Planen Sie weiter und halten Sie alles bereit, damit Sie schnell reagieren können, wenn der erwartete Moment eintrifft.

Mit Geld wird es Ihnen gut gehen, es wird ein Monat sein, in dem Sie Ihre Konten auf den neuesten Stand bringen werden. Sie werden genug Geld haben, um Ihre Schulden zu bezahlen, falls Sie welche haben.

Essen Sie nicht jeden Tag so viele fetthaltige Lebensmittel, wenn Sie sie mögen, belohnen Sie sich damit an besonderen Tagen, Sie müssen auf Ihr Herz achten.

Lassen Sie nicht so viel Zeit verstreichen, bevor Sie der Person, die Sie erobern wollen, Ihre Absichten mitteilen; es ist wahrscheinlich, dass sie zu dem Zeitpunkt, zu dem Sie sich entscheiden, bereits jemand anderen gefunden hat.

Wenn Sie bei einem Thema ausweichend gehandelt haben, wird Sie jemand darauf aufmerksam machen. Sie können sich nicht länger verstecken. Sie müssen aufstehen und handeln.

Glückszahlen

3 - 7 - 16 - 19 - 34

Dezember 2024

Es gibt eine Menge planetarischer Aktivität in Ihrem Geldsektor, die die Art und Weise, wie Sie Geld verdienen, radikal verändern wird. Auch wenn es den Anschein haben mag, dass sich einige Einkommensquellen von Ihnen wegbewegen, wird sich das zum Besseren wenden. Analysieren Sie Ihren Schuldenbereich, damit Sie feststellen können, was zuerst bezahlt werden muss. Diesen Monat werden Sie versuchen, ein Projekt abzuschließen.

Festere Bindungen und dauerhafte Liebe werden in diesem Monat ein Thema sein, denn viele könnten mit Trennungen konfrontiert werden. Dies ist die Zeit, in der Sie sich auf das konzentrieren sollten, was Sie wollen. Wenn du es in einer gescheiterten Beziehung weiter versuchen willst, ist das dein gutes Recht, aber sei dir der möglichen Konsequenzen dieser Entscheidung bewusst.

Singles werden kein Glück haben, den idealen Partner zu finden, aber sie werden ein gutes Monatsende für Verführung haben.

Sie werden außerordentlich stark sein und Energie für alles haben. Sie werden sich nicht müde fühlen, obwohl Sie ein aktives soziales Leben und eine Menge Arbeit haben.

Übertreiben Sie es nicht mit den Feiertagen zum Jahresende.

Glückszahlen
3 - 16 - 20 - 24 - 36

Die Tarotkarten, eine rätselhafte und psychologische Welt.

Das Wort Tarot bedeutet "Königsweg", es ist eine jahrtausendealte Praxis, es ist nicht genau bekannt, wer das Kartenspiel im Allgemeinen und das Tarot im Besonderen erfunden hat; es gibt die unterschiedlichsten Hypothesen in diesem Sinne.

Manche sagen, dass sie in Atlantis oder Ägypten entstanden sind, andere wiederum glauben, dass die Tarots aus China oder Indien, aus dem alten Land das Romani oder durch die Katharer nach Europa gekommen sind. Tatsache ist, dass Tarotkarten astrologische, alchemistische, esoterische und religiöse Symbolik, sowohl christliche als auch heidnische, in sich vereinen.

Wenn man bis vor kurzem das Wort "Tarot" erwähnte, stellten sich manche Leute einen Roma vor, der in einem von Mystik umgebenen Raum vor einer

Kristallkugel sitzt, oder sie dachten an schwarze Magie oder Hexerei, aber das hat sich heute geändert.

Diese uralte Technik hat sich an die moderne Zeit angepasst, sie hat sich mit der Technologie verbunden und viele junge Menschen interessieren sich dafür.

Junge Menschen haben sich von der Religion abgekapselt, weil sie glauben, dass sie dort nicht die Lösung für ihre Bedürfnisse finden, sie haben die Dualität der Religion erkannt, was bei der Spiritualität nicht der Fall ist. Überall in den sozialen Netzwerken findet man Konten, die dem Studium und den Tarot-Lesungen gewidmet sind, da alles, was mit Esoterik zu tun hat, in Mode ist, in der Tat werden einige hierarchische Entscheidungen unter Berücksichtigung des Tarots oder der Astrologie getroffen.

Bemerkenswert ist, dass die Vorhersagen, die normalerweise mit dem Tarot zu tun haben, nicht die gefragtesten sind, sondern die, die mit Selbsterkenntnis und spiritueller Beratung zu tun haben, am meisten nachgefragt werden.

Das Tarot ist ein Orakel, durch seine Zeichnungen und Farben, stimulieren wir unsere psychische Sphäre, den innersten Teil, der über das Natürliche hinausgeht. Viele Menschen wenden sich an das Tarot als spirituelle oder psychologische

Führer, weil wir in unsicheren Zeiten leben, und dies drängt uns, Antworten in der Spiritualität zu suchen.

Es ist ein so mächtiges Werkzeug, das Ihnen konkret sagt, was in Ihrem Unterbewusstsein vor sich geht, so dass Sie es durch die Linse einer neuen Weisheit wahrnehmen können.

Carl Gustav Jung, der berühmte Psychologe, verwendete die Symbole der Tarotkarten in seinen psychologischen Studien. Er schuf die Theorie der Archetypen, in der er eine umfangreiche Summe von Bildern entdeckte, die in der analytischen Psychologie helfen.

Die Verwendung von Zeichnungen und Symbolen, die an ein tieferes Verständnis appellieren, wird in der Psychoanalyse häufig eingesetzt. Diese Allegorien sind ein Teil von uns und entsprechen den Symbolen unseres Unterbewusstseins und unseres Geistes.

Unser Unbewusstes hat dunkle Bereiche, und wenn wir visuelle Techniken verwenden, können wir verschiedene Teile davon erreichen und Elemente unserer Persönlichkeit enthüllen, die wir nicht kennen. Wenn Sie diese Botschaften durch die bildhafte Sprache des Tarots entschlüsseln können, können Sie entscheiden, welche Entscheidungen Sie im Leben treffen, um das Schicksal zu gestalten, das Sie wirklich wollen.

Das Tarot mit seinen Symbolen lehrt uns, dass ein anderes Universum existiert, vor allem in der heutigen Zeit, in der alles so chaotisch ist und für alles eine logische Erklärung gesucht wird.

Der erhängte Mann, Tarotkarte für Skorpion 2024

Sie werden Ihre Einstellung zu den Ereignissen ändern. Diese Karte lädt Sie dazu ein, Gelegenheiten zu nutzen, die Sie bisher nicht wahrgenommen haben.

Sie müssen lernen, alle Ihre Ressourcen oder Tugenden zu nutzen, die Sie bisher nicht genutzt haben.

Sie müssen mutig und selbstlos sein. Befreie dich von Einschränkungen.

In diesem Jahr können Sie aus der Trägheit herauskommen und handeln, so dass Sie die Dinge beschleunigen oder verändern können.

Es stellt eine Sackgasse dar, etwas, das Sie zurückhält und Sie daran hindert, Hoffnung zu sehen.

Irgendeine Kraft schränkt Ihre Situation oder den gegenwärtigen Moment ein.

Sie haben das Gefühl, dass Sie aufgrund von Trägheit etwas nicht erreichen.

Denken Sie daran, dass die Loslösung vielleicht Opfer von Ihnen verlangt, sie kann schmerzhaft sein, aber sobald Sie in der Lage sind, loszulassen, was auch immer es ist, werden Sie sich frei fühlen von den Ketten, die Sie gebunden haben.

Diese Karte versichert Ihnen, dass Sie für eine Weile in der gleichen Situation bleiben werden. Wenn also Ihre derzeitige Situation, sei es in der Liebe oder im Geld, gut ist, garantiert sie Ihnen das gleiche Jahr.

Runen des Jahres 2024

Runen sind eine Reihe von Symbolen, die ein Alphabet bilden. "Rune" bedeutet Geheimnis und symbolisiert das Geräusch, wenn ein Stein auf einen anderen trifft. Runen sind eine uralte visionäre und magische Methode.

Runen dienen nicht für exakte Vorhersagen, aber sie dienen dazu, Sie über ein zukünftiges Ereignis, ein Thema oder eine Entscheidung zu informieren.

Die Runen haben eine bestimmte Bedeutung für die Person, die es will, sondern auch einige Botschaft im Zusammenhang mit den Widrigkeiten, die im Leben entstehen.

Dagaz, Rune des Skorpions 2024

Er symbolisiert die kosmische Vereinigung von Himmel und Erde. Zwei unvereinbare Energien, die sich zu einer neutralen Gesamtheit vereinen.

Er motiviert dich, zu wachsen und anders zu handeln. Er ist ein Talisman gegen schwarze Magie und hilft dir, deine Ziele zu erreichen und deine dunklen Momente in Licht zu verwandeln.

Diese Rune ist das Licht nach einer schwierigen Zeit, sie will dich daran erinnern, dass die unangenehmen Momente nicht ewig sind, folgen sie einen traditionellen Prozess und am Ende verlassen Erfahrungen.

Dagaz ist das Licht am Ende des Tunnels, die Morgendämmerung nach der Dunkelheit, das Finden des Schlüssels zu der Tür, die dir die Freiheit gibt. Eine große Verwandlung steht bevor, und mit ihr Ihr Sieg.

Du beginnst, das Schlechte hinter dir zu lassen und die Lösungen zu finden, nach denen du gesucht hast. Mit dem Licht dieser Rune erlangst du Erfolg, den Höhepunkt einer Etappe, den Beginn eines neuen Tages. In diesem einschneidenden, neuen Anfang beschützt dich Dagaz.
Diese Metamorphose ist unvorhergesehen, von diesem Moment an werden Sie ein anderer Mensch sein. Dagaz kündigt eine Phase des Wachstums und der Klarheit an.

Dagaz garantiert Ihnen eine gute Gesundheit. Ein Jahr, in dem Sie sich nur routinemäßig um Ihren Körper und Ihre Gefühle kümmern müssen, um stabil zu bleiben.

Glückliche Farben

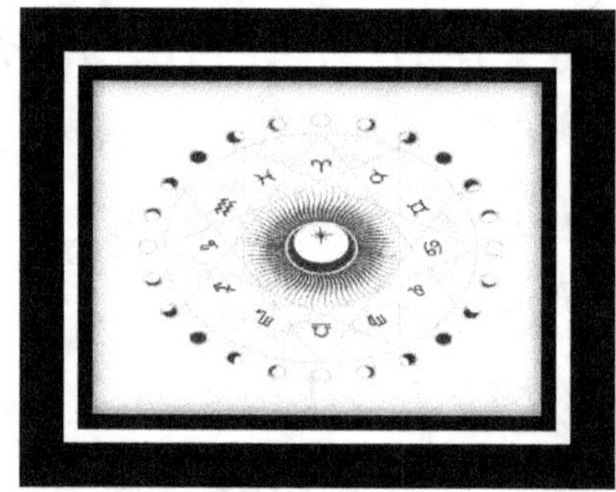

Farben haben eine psychologische Wirkung auf uns; sie beeinflussen unsere Wertschätzung von Dingen, unsere Meinung über etwas oder jemanden und können dazu dienen, unsere Entscheidungen zu beeinflussen.

Die Traditionen zur Begrüßung des neuen Jahres variieren von Land zu Land, und in der Nacht zum 31. Dezember ziehen wir Bilanz über all die positiven und negativen Dinge, die wir im zu Ende gehenden Jahr erlebt haben. Wir beginnen zu überlegen, was wir tun können, um unser Glück im neuen Jahr zu verbessern.

Es gibt mehrere Möglichkeiten, positive Energien zu uns zu ziehen, wenn wir das neue Jahr empfangen, und eine davon ist, Accessoires in einer bestimmten Farbe zu tragen, die das anzieht, was wir uns für den Beginn des Jahres wünschen.

Farben haben energetische Ladungen, die unser Leben beeinflussen, daher ist es immer ratsam, das Jahr in einer Farbe zu beginnen, die die Energien dessen anzieht, was wir erreichen wollen.

Dafür gibt es Farben, die mit jedem Sternzeichen positiv schwingen. Die Empfehlung ist also, dass Sie die Kleidung mit dem Farbton tragen, der Sie im Jahr 2024 Wohlstand, Gesundheit und Liebe anziehen lässt. (Diese Farben können auch während des restlichen Jahres für wichtige Anlässe oder zur Verschönerung Ihrer Tage verwendet werden).

Denken Sie daran, dass es zwar üblich ist, rote Unterwäsche für die Leidenschaft, rosa für die Liebe und gelb oder Gold für den Reichtum zu tragen, dass es aber nie zu viel ist, die Farbe in unsere Kleidung aufzunehmen, die unserem Sternzeichen am meisten entspricht.

Skorpion

Gold

Schlüsselwörter der goldenen Farbe*: Farbe des Königtums, Symbol für Geld, Reichtum, geistige Entwicklung, Stärke.*

Die goldene Farbe steht für Reichtum und Macht, für große Ideale, Weisheit und Wissen.

Es ist eine Farbe, die den Geist und die Energien belebt, sie vertreibt Ängste und überflüssige Dinge.

Die goldene Farbe ist hervorragend bei Depressionen und wirkt ausgleichend auf den Geist.

Wenn Sie diese Farbe verwenden, wird sie Ihnen helfen, Glück und Wohlstand anzuziehen, an sich selbst zu glauben und Vertrauen in Ihre Zukunft zu haben.

Die Farbe Gold symbolisiert Wohlstand, Erfolg und Optimismus. Sie inspiriert Sie zu einer heiteren Lebenseinstellung, indem sie Sie ermutigt, eine Verbindung mit dem Universum zu suchen und Sie daran erinnert, dass das innere Licht die Quelle unseres wahren Glücks ist.

In Ägypten wurde die Farbe Gold von den Pharaonen verwendet, da sie das spirituelle Licht, das Leben und die Wiedergeburt symbolisierte, da sie an die Reinkarnation glaubten.

Er wird mit allen Gottheiten aller Kulturen in Verbindung gebracht, da er Reichtum und Triumph symbolisiert.

Die Farbe Gold steigert das Selbstwertgefühl, das Selbstvertrauen und die Kreativität.

Glücksbringer

Wer besitzt nicht einen Glücksring, eine Kette, die nie abfällt, oder einen Gegenstand, den er für nichts auf der Welt hergeben würde? Wir alle schreiben bestimmten Gegenständen, die uns gehören, eine besondere Kraft zu, und dieser unverwechselbare Charakter, den sie für uns annehmen, macht sie zu magischen Gegenständen.

Damit ein Talisman wirken und die Umstände beeinflussen kann, muss sein Träger Vertrauen in ihn haben, was ihn in ein riesiges Objekt verwandelt, das alles erfüllen kann, was von ihm verlangt wird.

In der Regel ist ein Amulett ein Gegenstand, der das Gute besänftigt, um Böses, Schaden, Krankheiten und Hexerei zu verhindern.

Amulette für Glück können Ihnen helfen, ein Jahr 2024 voller Segen in Ihrem Zuhause, bei der

Arbeit, mit Ihrer Familie zu haben, Geld und Gesundheit anzuziehen. Damit die Amulette richtig funktionieren, sollten Sie sie nicht an andere verleihen und immer zur Hand haben.

Amulette gab es in allen Kulturen und sie werden aus Elementen der Natur hergestellt, die als Katalysatoren für Energien dienen, die dazu beitragen, menschliche Wünsche zu erfüllen.

Dem Amulett wird die Macht zugesprochen, Übel, Zauber, Krankheiten und Katastrophen abzuwehren oder bösen Wünschen entgegenzuwirken, die durch die Augen anderer hervorgerufen werden.

Skorpion Glücksbringer

Klee

Es ist eines der mächtigsten Amulette, seit Jahrhunderten werden dieser Pflanzenart magische Kräfte zugeschrieben, seine Beliebtheit geht auf die keltische Kultur zurück, aber es ist in vielen Kulturen ein beliebtes Glückssymbol. Die Ägypter trugen Amulette in Form eines vierblättrigen Kleeblatts, um sich vor Unglück, Gefahren, Katastrophen und Missgeschicken zu schützen.

Der Legende nach hat jedes Blatt eine Bedeutung. Das erste bedeutet Ruhm, das zweite Reichtum, das dritte Liebe und die vierte Gesundheit.

Es hat mit Vermögen zu tun, weil es verwendet wird, um Geld zu bekommen.

Da es ein Schutzamulett ist, hält es böse Geister und Augen von deinem Leben fern.

Da die Pflanze schwer zu beschaffen ist, können Sie ihr Design auf verschiedene Weise festhalten. Eine der einfachsten ist die Verwendung als Schmuckstück.

Glücksquarz

Wir alle fühlen uns zu Diamanten, Rubinen, Smaragden und Saphiren, also zu Edelsteinen, hingezogen. Halbedelsteine wie Karneol, Tigerauge, weißer Quarz und Lapislazuli werden ebenfalls sehr geschätzt, da sie schon seit Tausenden von Jahren als Schmuck und Machtsymbol verwendet werden.

Was viele nicht wissen, ist, dass sie nicht nur wegen ihrer Schönheit geschätzt wurden: Jede von ihnen hatte eine heilige Bedeutung, und ihre heilende Wirkung war ebenso wichtig wie ihr dekorativer Wert.

Die meisten Menschen kennen die bekanntesten Kristalle wie Amethyst, Malachit und Obsidian, aber heutzutage sind auch neue Kristalle wie Lari mär, Petalit und Phenakit bekannt geworden.

Ein Kristall ist ein fester Körper mit einer geometrisch regelmäßigen Form, Kristalle entstanden bei der Entstehung der Erde und haben sich im Laufe der Veränderungen auf dem Planeten immer weiter gewandelt, Kristalle sind die DNA der Erde, sie sind Miniaturspeicher, die die Entwicklung unseres Planeten über Millionen von Jahren enthalten.

Einige wurden enormem Druck ausgesetzt, andere wuchsen in tief unter der Erde vergrabenen Kammern heran, wieder andere tröpfelten ins Leben. Unabhängig von ihrer Form kann ihre kristalline

Struktur Energie absorbieren, bewahren, bündeln und ausstrahlen. Das Herzstück des Kristalls ist das Atom, seine Elektronen und Protonen. Das Atom ist dynamisch und besteht aus einer Reihe von Teilchen, die sich in ständiger Bewegung um das Zentrum drehen, so dass der Kristall, auch wenn er unbeweglich erscheint, eine lebendige Molekülmasse ist, die mit einer bestimmten Frequenz schwingt, was dem Kristall seine Energie verleiht.

Edelsteine waren früher ein königliches und priesterliches Vorrecht. Die Priester des Judentums trugen eine mit Edelsteinen gefüllte Platte auf der Brust, die weit mehr als ein Emblem zur Kennzeichnung ihrer Funktion war, denn sie übertrug Macht auf den Träger.

Seit der Steinzeit haben die Menschen Steine getragen, da sie eine Schutzfunktion hatten und ihre Träger vor verschiedenen Übeln bewahrten. Die heutigen Kristalle haben die gleiche Kraft, und wir können unseren Schmuck nicht nur nach ihrer äußeren Attraktivität auswählen. Sie in unserer Nähe zu haben, kann unsere Energie steigern (orangefarbener Karneol), den Raum um uns herum reinigen (Bernstein) oder Reichtum anziehen (Citrin).

Bestimmte Kristalle wie Rauchquarz und schwarzer Turmalin können Negativität absorbieren und strahlen eine reine und saubere Energie aus.

Wenn Sie einen schwarzen Turmalin um den Hals tragen, schützt er Sie vor elektromagnetischen Ausstrahlungen, auch von Mobiltelefonen. Ein Citrin zieht nicht nur Reichtum an, sondern hilft Ihnen auch, ihn zu bewahren, stellen Sie ihn in den Reichtum Teil Ihrer Wohnung (die hintere linke Ecke, die am weitesten von der Eingangstür entfernt ist). Wenn Sie auf der Suche nach Liebe sind, können Kristalle Ihnen helfen. Stellen Sie einen Rosenquarz in die Beziehungsecke Ihrer Wohnung (die hintere rechte Ecke, die am weitesten von der Eingangstür entfernt ist), seine Wirkung ist so stark, dass Sie vielleicht einen Amethyst hinzufügen möchten, um die Anziehung auszugleichen.

Du kannst auch Rhodochrosit verwenden, die Liebe wird deinen Weg finden.

Einige Kristalle enthalten Mineralien, die für ihre therapeutischen Eigenschaften bekannt sind. Malachit hat eine hohe Konzentration an Kupfer, und das Tragen eines Malachit-Armbandes ermöglicht es dem Körper, minimale Mengen an Kupfer aufzunehmen.

Lapislazuli lindert Migräne, aber wenn die Kopfschmerzen durch Stress verursacht werden, lindern Amethyst, Bernstein oder Türkis oberhalb der Augenbrauen die Schmerzen.

Quarze und Mineralien sind Juwelen von Mutter Erde. Geben Sie sich die Gelegenheit und verbinden Sie sich mit der Magie, die sie ausstrahlen.

Glücksquarz Skorpion 2024

Citrin

Ein super magnetischer Quarz. Er verleiht dir eine starke persönliche Ausstrahlung und hilft dir, kreativ zu sein.

Seine Schwingungen werden Ihnen Energie, Fülle und wirtschaftlichen Wohlstand verleihen.

Wenn Sie den Wohlstand in Ihrem Leben ausbauen wollen, sollten Sie den Citrin irgendwo in Ihrem Haus oder in Ihrem Geschäft platzieren, wo Sie mit der wirtschaftlichen Welt in Verbindung stehen. Seine Energien werden die Möglichkeiten deines Erfolgs erhöhen.

Er wirkt wie ein defensiver Talisman, der jede Art von negativer Energie neutralisieren kann.

Sie vermittelt Intuition, damit Sie sich richtig schützen können.

Projizieren Sie Freude und harmonische Gefühle auf alle Menschen um Sie herum.

Es wird Ihnen helfen, Ihr Selbstwertgefühl allmählich zu verbessern und Ihre Identität zu finden. Es wird Ihr Wertesystem verändern, so dass Sie sich motiviert fühlen können.

Kompatibilität von Skorpion und den Tierkreiszeichen

Der Skorpion hat einen schlechten Ruf. Dieses dunkle Wasserzeichen ist berühmt für seinen geheimnisvollen Charme, seinen unerbittlichen Ehrgeiz und seine charakteristische Unnahbarkeit. Das komplizierteste Zeichen des Tierkreises wird durch den Skorpion repräsentiert, ein verräterisches Tier, das in der Dunkelheit wohnt.

Für den Skorpion ist das Leben ein Schachspiel. Er wird vom Planeten Pluto beherrscht und hat die Fähigkeit, sich zu regenerieren und seine beste und stärkste Version zu werden. Wachstum ist elementar für Skorpion, der Metamorphose als Werkzeug für emotionale und psychische Expansion verwendet.

Wie Pluto und die verführerischen Kräfte der okkulten Welt, schwitzt der Skorpion Energie. Der Skorpion hat keine Probleme, Verehrer zu bekommen und ist für seine unglaubliche Sinnlichkeit bekannt. Trotz seines lüsternen Rufs schätzt er Ehrlichkeit und Privatsphäre in Beziehungen.

Aufgrund seiner unglaublichen Fedrigkeit und Kraft denken die Menschen, dass Skorpion ein Feuerzeichen ist, aber es gehört zum Wasserelement, was symbolisiert, dass es seine Kraft aus dem Unterbewusstsein und den Emotionen bezieht. Der Skorpion ist intuitiv und sensibel, kann die Energie eines jeden Hauses wahrnehmen und die Emotionen anderer aufnehmen.

Der Skorpion ist zäh, und wie sein astrologisches Symbol hält, er Wache in der Dunkelheit und wartet auf die perfekte Gelegenheit, um dann zuzuschlagen, wenn man es am wenigsten erwartet. Dieses berechnende Wasserzeichen plant immer mehrere Schritte im Voraus in einem grandiosen Plan.

Das bedeutet nicht, dass seine Absichten zwangsläufig ruchlos sind, er plant einfach gerne langfristig und konzentriert sich dabei auf seine Ziele und lässt sich nie in die Karten schauen.

Der Skorpion versteht es, seine Intuition einzusetzen, um jede Situation zu manipulieren und Menschen gegeneinander auszuspielen.

Der Skorpion muss immer daran denken, dass er Gefahr läuft, sich selbst zu verletzen, wenn er sich von seinem Wunsch nach Manipulation und Macht beherrschen lässt. Ihr geheimnisvolles Verhalten kann dazu führen, dass Sie Beziehungen verlieren.

Dieses Zeichen weiß, wie es sein Bestes geben kann, wenn es seine persönliche Intensität auf seine engsten Freunde anwendet, denn obwohl es zweifelnd und besitzergreifend ist, ist es auch sehr defensiv gegenüber seinen Lieben und ist bereit, sie zu schützen, ohne darüber nachzudenken.

Wenn er Vertrauen aufbauen kann und sich sicher fühlt, zeigt der Skorpion Einfühlungsvermögen und Engagement.

Jemand, der elegant ist, macht einen guten Eindruck auf Sie, und als Wasserzeichen sind Ihre Sinne sehr scharf, so dass es in der Romantik ratsam ist, Sie mit viel Leidenschaft zu verwöhnen. Dieses intensive Wasserzeichen schätzt seine Privatsphäre, daher ist es nicht leicht für sie, einen Fremden in ihr Privatleben zu lassen.

Wenn Sie um einen Skorpion werben möchten, ist der Umweg Rungs Prozess sehr umfangreich und wird mit vielen Tests der emotionalen Stärke gefüllt sein. Jede Bewegung, die dieses Zeichen macht, ist beabsichtigt, so dass Sie sehr schnell sein müssen, um dem Reim zu folgen.

Wenn Sie den Prozess erfolgreich durchstehen, Skorpion, wird er bereit sein, eine Verbindung mit Ihnen auf Seelenebene aufzubauen.

Im Gegensatz zu anderen Zeichen bedeutet eine Beziehung für den Skorpion nicht, dass er sich sicher fühlt. Seine Intensität ist ungebrochen, denn sein Hauptziel ist es, seinen Partner ein Leben lang zu halten.

Kein Tierkreiszeichen hat mehr mit Sex zu tun als der Skorpion, doch trotz seiner Neigung ist der körperliche Akt der Intimität für den Skorpion weniger wichtig als die Verbindung.

Für den Skorpion ist es äußerst schwierig, seinen Appetit zu stillen, weshalb er sich zu schattenhaften und geheimnisvollen Erfahrungen hingezogen fühlt. Es ist sehr leicht für ihn, von seinen Beziehungen abhängig zu werden, und dies kann die Form des Wahnsinns annehmen, wo Skorpion absichtlich Probleme schafft, um seinen Partner zu bewerten, ein giftiges Verhalten, das nachteilig ist. Der Skorpion sollte sich daran erinnern, dass in ernsthaften Beziehungen die Menschen ein Recht auf emotionale Unabhängigkeit und Intimität haben.

Das Wichtigste in einer Beziehung mit einem Skorpion ist es, klar zu sein, ihn nach seinen Gefühlen zu fragen und sich nicht zu scheuen, verstecktes Verhalten zu hinterfragen. Der Skorpion schätzt es, wenn er zur Rechenschaft gezogen wird, und je mehr Sie sich mit ihm durch direkte Kommunikation auseinandersetzen, desto sicherer wird die Beziehung sein.

Leider sind Enttäuschungen im Leben unvermeidlich, und obwohl der Skorpion für seine Fähigkeit bekannt ist, aus der Asche aufzustehen, bedeutet das nicht, dass ihm Trennungen leichtfallen. Es spielt keine Rolle, ob er derjenige ist, der die Trennung eingeleitet hat, dieses allgegenwärtige Zeichen fühlt sich immer hilflos, wenn es passiert.

Manchmal setzt das Ende einer Beziehung im Skorpion sein Verlangen nach Kontrolle frei, was ihn manchmal dazu bringt, sich zu ärgern und sich mit seinen Ex-Partnern einzulassen, daher ist es besser, dies im Keim zu ersticken.

Angetrieben von seinen Leidenschaften ist der Skorpion ein entschlossener Partner, und während sich einige Zeichen der Hartnäckigkeit des Skorpions widersetzen, werden andere Zeichen von seiner Energie inspiriert.

Skorpion und Widder *spüren eine unglaubliche körperliche Anziehung, sobald sie sich sehen. Die Unfähigkeit des Widders, Geheimnisse zu bewahren, bereitet dem Skorpion, der vor allem Vertrauen und Privatsphäre schätzt, jedoch Unbehagen. Der Widder seinerseits fragt sich, warum alles so versteckt sein muss. Aber wenn diese beiden Zeichen die Unzulänglichkeiten des anderen respektieren können, wird die Beziehung perfekt sein und sie werden es genießen, die Welt zu erobern.*

Skorpion und Stier *ergänzen sich als gegensätzliche Zeichen gegenseitig. Skorpion ist pure Sexualität. Zusammen mit dem Stier, dem sinnlichsten Tierkreiszeichen, wird der wilde sexuelle Appetit des Skorpions gestillt. Sie werden Hindernisse zu* *überwinden haben, denn beide sind unglaublich stur, aber diese Paarung sorgt für eine wirklich erotische Beziehung.*

Skorpion und Zwillinge *bilden ein exzentrisches Paar. Die Grundwerte des Skorpions unterscheiden sich stark von den Legionären des Zwillings, der auch indiskret und gesellig ist und gerne seine Meinung ändert. Der Skorpion hingegen ist eindringlich, umsichtig und hat eine feste Meinung.*

Der wirkungsvolle Stachel des Skorpions kann die größten Kreaturen in seinen Bann ziehen, aber das kosmische Spinnentier ist dem Zwilling nicht gewachsen. Damit diese Paarung funktioniert, muss jedes Zeichen die Unterschiede des anderen akzeptieren.

Wenn der Skorpion sich von seinem Bedürfnis, alles zu verbergen, befreien kann und der Zwilling bereit ist, den Skorpion gewinnen zu lassen, und sei es nur ein einziges Mal, kann die Beziehung von Dauer sein.

Skorpion und Krebs *fließen mühelos zusammen. Der Krebs umarmt die intensiven Gefühle des Skorpions, der himmlische Krebs kommt für den Skorpion aus seinem Schneckenhaus heraus, d.h. er geht die Extrameile. Der Krebs ist am Anfang einer Beziehung* *vorsichtig, aber bei Skorpion ist er von Anfang an verletzlich.*

In dieser magischen Beziehung fällt es dem Skorpion schwer, loszulassen, weil seine Sensibilität so stark ist. Der Krebs mag manchmal traurig sein über die Unfähigkeit des Skorpions, sich führen zu lassen, aber letztendlich ist dies eine der besten Beziehungen im Tierkreis. Wenn sie sich binden, sind sie für das ganze Leben gepaart.

Skorpion und Löwe *sind die misstrauischsten Tiere des Tierkreises. Bei diesen beiden Zeichen ist die Energie immer die von zwei natürlichen Rivalen, die in den Ring steigen. Der Löwe verabscheut es, übergangen zu werden, und schätzt Skorpions versteckte Schachzüge als vorsätzlichen Betrug. Auf der anderen Seite verspottet der Skorpion die Unfähigkeit des Löwen, seine Motive zu verbergen. Wenn sie jedoch eine Beziehung eingehen, ist ihre gemeinsame Energie unzerstörbar. Obwohl es nicht einfach sein wird, ist diese Verbindung mutig und enthusiastisch.*

Skorpion und Jungfrau *werden vom Spiel mit ihren Vorbildern beherrscht. Der Skorpion will anziehen, und die Jungfrau will gefangen genommen werden. Daher besteht zwischen den beiden eine faszinierende*

Spannung, ein Tauziehen, das eine perverse Beziehung hervorbringen kann. Aber diese Verbindung ist mehr als das; die Beziehung beruht auf echter Bewunderung. Die Jungfrau wird von der Gier des Skorpions inspiriert, und der Skorpion schätzt die Sachlichkeit der Jungfrau. Hier wird es gelegentlich zu Konflikten kommen, wenn Skorpion sich von Jungfrau beurteilt und verurteilt fühlt.

***Skorpion und Waage** kämpfen um die Macht, der Skorpion will das Aussehen der Waage zurechtrücken, und die Waage will die Achse ihres Universums sein. Waage mag es, unschuldig zu erscheinen, und das kosmische Gleichgewicht genießt.*

Sie täuschen den Skorpion mit ihren oberflächlichen Flirtversuchen. Wenn diese beiden Zeichen aufhören, Spielchen zu spielen, können sie ein fabelhaftes Paar werden. Natürlich wird es zu Zusammenstößen kommen, da die Energie von Luft und Wasser zusammen Orkane erzeugen, aber Reibung ist nicht immer ein Hindernis. Im Fall von Skorpion und Waage können sie sogar Wärme erzeugen.

*Die Beziehung zwischen **Skorpion und Skorpion** ist lustig. Der Skorpion ist stolz darauf, der Schlüpfrigste unter den Tierkreiszeichen zu sein. Wenn er sich also mit einem der Seinen zusammentut, tut er alles, um* *seine geheimnisvolle Stärke zu bewahren. Diese Beziehung wird durch tiefe Geheimnisse, Leidenschaft und das Bedürfnis nach Kontrolle angeheizt, was es für die beiden schwierig machen kann, eine Verbindung aufrechtzuerhalten. Wenn sie jedoch die anfänglichen Reibereien überwinden können, kann es perfekt funktionieren.*

Skorpion und Schütze, *es ist eine faszinierende Beziehung. Skorpion ist von Schütze fasziniert, sich zu wundern. Skorpion ist kein Spiel für Schütze, auch wenn unter dem ätherischen Skorpion, der Abenteurer braucht, um zu wandern. Im Laufe der Zeit können sowohl Skorpion als auch Schütze in der Beziehung abgestumpft sein, denn der Skorpion braucht Ehrlichkeit und ein bisschen Geheimnis, und der Schütze braucht Unabhängigkeit. Wenn sie sich jedoch dafür entscheiden, es zu schaffen, werden sie eine interessante Beziehung eingehen.*

Skorpion und Steinbock, *das ist eine komplizierte Beziehung. Die meisten Sternzeichen können den rücksichtslosen Ehrgeiz des Steinbocks nicht ausstehen, aber der Skorpion ist von seiner Bewegung überzeugt. In der Tat wird der Skorpion so tun, als würde er den Steinbock umgarnen, indem er seine eigene Kühnheit zeigt.*

Wenn es um eine langfristige Beziehung geht, ist der Steinbock sehr anspruchsvoll. Beide Zeichen werden, die meiste Zeit ihres Werbens damit verbringen, den Lebenslauf des anderen zu prüfen, bis sie schließlich eine romantische und sexuelle Beziehung entwickeln. Diese Beziehung ist intensiv, da Skorpion und Steinbock eine langfristige Bindung erwarten, und wenn sie sich binden, können sie es auch umsetzen.

Skorpion und Wassermann *sind Zeichen der gleichen Modalität. Diese Zeichen sind zwei Rätsel, die jeder zu entschlüsseln versucht. Ebenso verbinden sich Skorpion und Wassermann miteinander und genießen es, die Schichten der Kompliziertheit des jeweils anderen zu entschlüsseln. Der machthungrige Skorpion wird zustimmen müssen, wenn er die Freiheit des Wassermanns zulassen kann, und der Wassermann wiederum wird das Unbehagen des Skorpions an der Kontrolle in Einklang bringen müssen. Wenn dieses Paar jedoch einen Weg findet, zu funktionieren, wird ihre Beziehung magisch, geheimnisvoll und besonders sein.*

Skorpion und Fische, *das ist eine gefühlsbetonte Beziehung. Die außergewöhnlichen übersinnlichen Kräfte der Fische können den Skorpion, der hauptsächlich auf Gleichheit bedacht ist, verärgern.*

Das Einfühlungsvermögen der Fische besänftigt jedoch den Skorpion, und gemeinsam werden sie es genießen, in die innere Welt des anderen einzutauchen. Wenn der Skorpion freundlich ist und die Fische lernen, sich selbst zu schützen, werden sie es lieben, gemeinsam eine feierliche Herrschaft unter dem Meer zu errichten.

Zeichen, mit denen Sie keine Geschäfte machen sollten.

Löwe und Schütze sind zwei Feuerzeichen, die für den Skorpion zu impulsiv sind und ihn verunsichern.

Zeichen, die in Verbindung gebracht werden mit

Widder, Löwe und Steinbock.

Sie sind Zeichen, die einen brillanten Verstand haben und wissen, wie man untersucht, ob ein Unternehmen erfolgreich sein wird.

Geld-Rituale

Zauberspruch für die Familie, damit sie immer wirtschaftlichen Wohlstand hat.

Sie sollten dieses Ritual an einem Sonntag beginnen.

Sie benötigen:

- Mehrere Geldscheine (auch wenn sie nicht mehr im Umlauf sind)

- Verschiedene Münzen

- 1 grüne Kerze

- 1 gelbe Kerze

-1 Stück grünes Tuch

Legen Sie zunächst die Geldscheine in einer rechteckigen Form auf das grüne Tuch. In der Mitte platzierst du die Münzen in Form eines Pentagramms. Links vom Pentagramm platzierst du die grüne Kerze und rechts die gelbe Kerze. Zünden Sie sie eine Stunde lang an, danach löschen Sie sie mit den Fingerspitzen aus. Diesen Vorgang musst du 3 Tage lang wiederholen. Am vierten Tag wirfst du die Reste der Kerzen weg. Wickeln Sie die Münzen und Scheine in das grüne Tuch ein, das Sie in der Küche oder im Esszimmer Ihres Hauses aufbewahren werden.

Blitzritual, um Geld in Ihr Unternehmen zu bringen.

Du brauchst zwei kleine Tontöpfe. In einen davon legst du Senfkörner, Zimt, zwei Blätter der Weinraute und einen Malachitquarz. Stellen Sie dieses Gefäß am Eingang Ihres Geschäfts auf. Jeden Donnerstag fügst du Tropfen von Sandelholz hinzu. In die andere Schale legen Sie einen Pyrit quarz und einen schwarzen

Turmalin, fügen Honig und zwei Basilikumblätter hinzu. Stelle diese Schale in den hinteren Teil deines Geschäfts.

Ritual zur Beseitigung von Schulden.

Sie benötigen:

- 1 große Glasflasche mit Deckel

- 1 grüne Pyramidenkerze

- 1 weiße Kerze

- 1 schwarze Kerze

- 1 braune Kerze

- Meersalz

- Brauner Zucker

- Reis

- Minzblätter

- Lorbeerblätter

- Maiskörner

- Basilikum

- 1 Schein eines beliebigen Wertes

- Jupiters Pentagramm # 1

Pentagramm Nr. 1 des Jupiters.

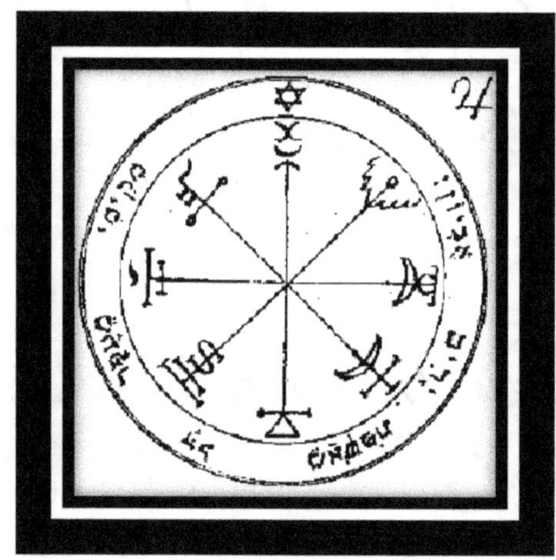

- Grüner Schreibstift

- Olivenöl

Dieser Zauber muss an einem Freitag, zur Zeit des Planeten Jupiter, gewirkt werden.

Sie müssen die Kerzen mit dem Olivenöl weihen. Stellen Sie sie dann in eine quadratische Form. Zünde sie an.

Du nimmst den grünen Stift und schreibst hinter das Pentagramm des Jupiters: "Fließe mir Geld zu, Fülle heute und immer".

Dann unterschreiben Sie es mit Ihrem Namen, Geburtsort, -datum und -zeit und stellen es in die Mitte der Kerzen.

Dann füllt man die Glasflasche in dieser Reihenfolge: Meersalz, dann eine Schicht brauner Zucker,

Reiskörner, dann den gerollten Geldschein, dann die Kräuter.

Stelle die Flasche ohne Deckel in die Mitte des Quadrats (über dem Pentagramm des Jupiters), dass du mit den Kerzen gebildet hast. Lassen Sie die Kerzen brennen, aber bevor sie ausbrennen, nehmen Sie die grüne Kerze, setzen Sie den Deckel auf die Flasche und versiegeln Sie sie, indem Sie grünes Wachs darauf tropfen.

Sobald die Kerzen erloschen sind, werfen Sie die Reste in den Papierkorb. Die Flasche sollte in Ihrem Garten vergraben werden.

 Wenn Sie diese Möglichkeit nicht haben, gehen Sie in einen Park und vergraben Sie ihn unter einem Baum, wenn er geblüht hat, umso besser.

Wohlstandszauber mit Zucker, Münzen und dem Pentagramm der Sonne.

Dieser Spruch sollte an einem Sonntag zur Zeit der Sonne oder des Planeten Venus gewirkt werden.

Im zweiten Pentagramm der Sonne werden Sie auf der Rückseite Ihre Wünsche für wirtschaftlichen Wohlstand aufschreiben.

Auf das vierte Pentagramm der Sonne legst du vier Münzen des täglichen Gebrauchs. Zünden Sie eine grüne Kerze an und lassen Sie das Wachs auf die Münzen fallen.

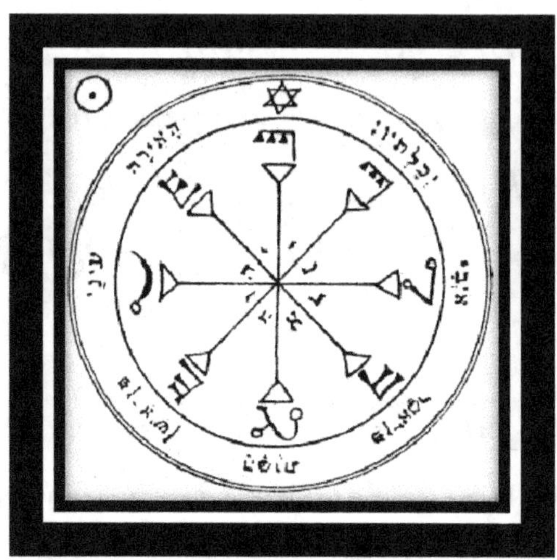

Zweites Pentagramm der Sonne.

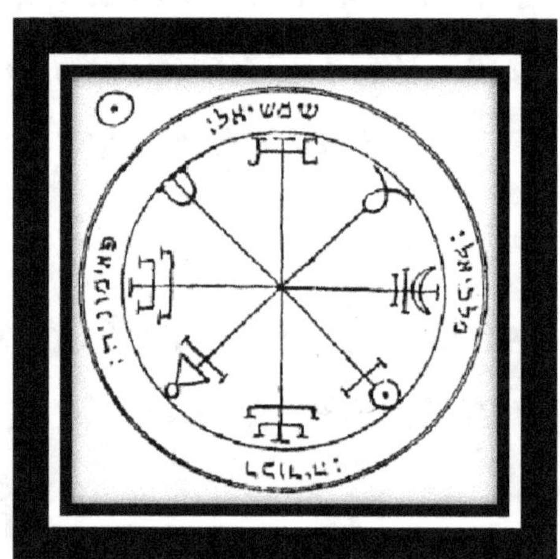

Viertes Pentagramm der Sonne.

Lass die Kerze in der Mitte des Pentagramms ausbrennen. Suchen Sie dann einen goldenen Umschlag und legen Sie die Münzen, die Kerzenreste und den braunen Zucker in das Innere des

Pentagramms. Vergraben Sie den Umschlag unter einem Baum oder in Ihrem Garten und wiederholen Sie dabei: "Alles, worum ich bitte, multipliziert sich".

Zauberspruch zum Fernhalten von Geschäftsschulden.

In ein quadratisches Glasgefäß klebst du auf jede Seite einen kleinen Spiegel (wie wir Frauen ihn zum Schminken benutzen). In das Gefäß legst du etwas Erde, Meersalz, gemahlenen Kaffee, einen zusammengerollten Geldschein, der mit einem goldenen Band verknotet ist, fünf Münzen, zwei Citrin quarz und braunen Zucker. Zünden Sie die goldene Kerze an und versiegeln Sie den gesamten Rand des Deckels mit dem Wachs. Stellen Sie dieses Gefäß in der Nähe der Kasse, wenn Sie ein Geschäft haben.

Zauberspruch mit Zucker und einer Pflanze mit Blumen.

Sie benötigen:

- 1 blühende Pflanze

- 1 gelbe Kerze

- 1 Münze

- 2 Liter heiliges Wasser oder Vollmondwasser

- Weißer Zucker

- Neue Nähnadel

- 1 Citrin-Quarz

Du sollst auf die gelbe Kerze mit der Nadel folgendes schreiben: "Geld kommt zu mir". Dann zünden Sie die Kerze an. Gib das geweihte Wasser in ein Gefäß und füge den Zucker hinzu, bewege die Zubereitung. Legen Sie die Münze und den Citrin in das Gefäß und lassen Sie es neben der Kerze stehen, bis die Kerze verbrannt ist und verlöscht. Du wirst das Wasser benutzen, um die von dir gewählte Pflanze zu gießen, um schnell Geld zu bekommen. Vergraben Sie die Münze, den Citrin und die Reste der Kerze neben der Pflanze. Während du diesen Vorgang durchführst, wiederhole in deinem Geist: "Das Geld kommt zu mir".

Zauber, der die Armut vertreibt.

Sie benötigen:

- 1 große Zitrone

- Weißer Zucker

- 1 grüne Kerze

- 1 Glasbehälter mit breiter Öffnung

- 1 neue Nähnadel

Du musst mit einer Nadel die folgenden Worte auf die Kerze schreiben: "Ich habe viel Geld" und deinen vollen Namen. Dann zünden Sie die Kerze an. Nimm die Zitrone und schneide sie in zwei Hälften, sie sollte sich in zwei Hälften teilen, aber durch einen kleinen Teil verbunden bleiben. Legen Sie die Zitrone in eine Schüssel und bestreuen Sie sie mit Zucker. Während dieses Vorgangs wiederholen Sie laut: "Ich habe viel Geld". Die Zitrone sollte in der Schale bleiben, bis die Kerze aufgebraucht ist. Nehmen Sie dann das Glas und legen Sie die Zitrone, den Zucker und die Reste der Kerze hinein. Dieses Glas sollte in deiner Küche bleiben.

Geldverdienender Zauber.

Sie benötigen:

-5 grüne Kerzen

-1 rote Kerze

-1 goldfarbene Kerze

- 1 Kerze entsprechend der Farbe Ihres Sternzeichens

- 1 Stäbchen Sandelholz-Weihrauch

Bevor du mit dem Ritual beginnst, musst du die Kerzen mit Olivenöl oder Basilikum öl weihen. Du zündest den Weihrauch an, um deine Konzentration und Kraft zu steigern, dann zündest du die Kerze deines Zeichens an und wiederholst in deinem Geist: "Diese Kerze repräsentiert mich und wird mein Bote sein". Dann zündest du die goldene Kerze an und rezitierst: "Diese Kerze steht für all das Geld, das in mein Leben kommen wird". Du zündest die grünen Kerzen an und wiederholst: "Diese Kerzen stehen für die Fülle, die ich mir wünsche". Du zündest die rote Kerze an und wiederholst: "Diese Kerze steht für die göttliche Macht und Kraft, Geld zu mir zu ziehen". Die Reste der Kerzen können im Müll entsorgt werden.

Die besten Länder und Städte zum Leben

Länder: *Algerien, Syrien, Marokko, Nicaragua, Peru, Angola, Irland und Norwegen.*

Städte: *Bayern, Kappadokien, Messina, Katalonien, Judäa, das ehemalige Transvaal (in Südafrika), Fez, Jütland, Dover, Liverpool, Worthing, East Grinstead,*

Stockport, Newcastle, New Orleans, Washington DC, Baltimore, Cincinnati, Milwaukee, Chicago, Georgia, Managua, Rio de Janeiro und Mexiko City.

Räucherstäbchen und ätherische Öle für Geld

Weihrauch und Sandelholz ätherisches Öl, seine wichtigsten Eigenschaften sind, um schlechte Energien wie Falschheit und Täuschung zu beseitigen.

Pflanzen für Geld

Die als Guineakastanie bekannte **Geldpflanze ist** *unglaublich berühmt als Geldpflanze, die perfekt dazu geeignet ist, Geld nach Hause und an den Arbeitsplatz zu bringen. Zu ihren Vorteilen gehört, dass sie nicht mit viel Hingabe kultiviert werden muss, da sie leicht wächst.*

Quarz für Geld

Tigerauge: *Beruflicher Erfolg, geschäftlicher Erfolg. Hilft, unsere Ziele zu erreichen. Dieser Quarz begünstigt Glück und Anpassung an Veränderungen.*

Er ist ein perfekter Talisman für Menschen, die finanziell unabhängig sein wollen.

Spektakulär zur Förderung der Kreativität.

Geld-Anhänger

Die Pentakel des Jupiters, die Ihnen Wohlstand garantieren.

Pentakel sind magische Figuren, die in der Lage sind, positive Energien an ihre Umgebung weiterzugeben. Die Wirkung der Jupiter-Pentakel ergibt sich aus der Kombination von Buchstaben, Zeichen und nützlichen Formeln, sie symbolisieren grafisch und mystisch einen Wunsch. Sie wirken eindeutig auf die Psyche der Menschen, die mit ihm visuellen Kontakt haben.

Die umfangreichste Zusammenstellung von Pentakel findet sich in den Claviculae of King Solomon, einem Band der hohen Magie, der diesem biblischen König zugeschrieben wird. Darin finden sich sechsunddreißig Pentakel, die verschiedenen Zwecken dienen, darunter die sieben Pentakel des Jupiters.

Pentakel für Wohlstand.

Der Zweck dieser Pentakel ist es, für Fülle zu sorgen, Konflikte im Zusammenhang mit der Arbeit zu lösen und dabei zu helfen, alle Arten von Vorteilen, die größeren Wohlstand garantieren, direkter zu erhalten.

Jupiter, der so genannte große Wohltäter in der Astrologie, ist ein Planet, der mit Expansion, Optimismus, Verbindungen zu mächtigen Menschen und der Fähigkeit, Glück zu machen, verbunden ist. Du solltest sie mit großer Konzentration und mit der Absicht zeichnen, dass sie deinen Willen manifestieren. Das geeignetste Material ist ein Stück Pergament. Sobald sie fertig sind, sollten sie an einem gut sichtbaren Ort aufgehängt werden, z. B. an der Kasse oder in der Brieftasche (man kann sie auch ausdrucken).

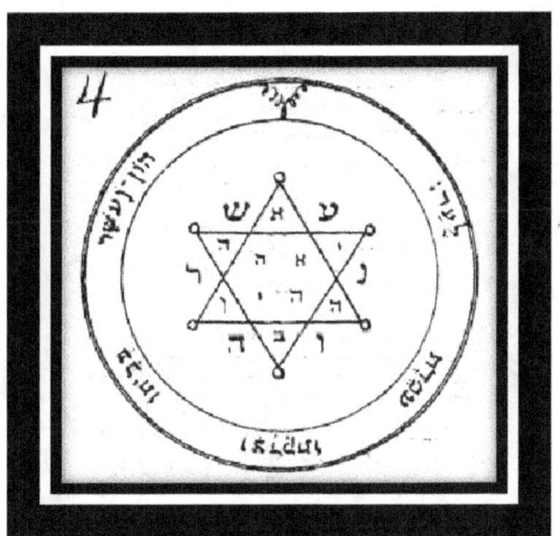

Affirmationen, um Geld zu erhalten

Sie sollten diese Dekrete 21 Tage lang durchführen, damit Sie die Ergebnisse sehen können, wenn möglich dreimal täglich. Wenn du sie laut wiederholst, werden sie noch kraftvoller sein.

Ich bin wohlhabend.

Ich akzeptiere meinen Reichtum.

Ich beschließe heute, ein Leben im Überfluss zu haben, mit Erfolg, Liebe und Glück. Ich beschließe, alles Gute zu haben, egal wie groß es ist. Ich denke an Erfolg und Reichtum.

Ferien

Urlaub ist sowohl körperlich als auch geistig gesund. Es ist erwiesen, dass ein Urlaub das Stressniveau senkt und das Immunsystem stärkt. Manchmal verursacht die Urlaubsplanung Stress, weil es unendlich viele Möglichkeiten gibt und die Entscheidung zu einer Schimäre haften Aufgabe wird.

Mit Hilfe der Astrologie lässt sich aus dem Verständnis Ihrer Persönlichkeit der ideale Urlaubsort für Sie ableiten.

***Widder,** ein All-inclusive-Resort mit sportlichen Aktivitäten im Freien an einem warmen Ort wie Punta Cana, Cancún oder den Turks- und Caicosinseln wäre ideal. Australien ist ein aufregendes Land, das eine Fülle von Emotionen bietet, die Ihr Herz höherschlagen lassen.*

***Stier**, ein Aufenthalt in einem luxuriösen Resort auf den Cayman-Inseln oder ein luxuriöser Urlaub in Dubai, in einem Hotel, das alle Annehmlichkeiten bietet, wird sehr verlockend sein. Italien ist ein perfektes Land, denn dort finden Sie alles, wovon Sie schon immer geträumt haben: Liebe, Charme, Luxus, wunderbares Essen und erstklassige Weine.*

Zwillinge *lieben es, sich intellektuell zu beschäftigen. Reisen mit geführten Ausflügen wie eine Safari in Afrika oder die Erforschung der Tierwelt auf den Galapagos-Inseln bieten dem Tierkreis-Kommunikator ein luxuriöses Erlebnis.*

Krebs*, Kurztrips, umgeben von Familie und Freunden. Disney World, die Attraktionen und das vielfältige Angebot an Speisen sind eine Möglichkeit. In Orlando, Florida, gibt es mehrere fantastische Hotels und Resorts, jedes mit einem einzigartigen und faszinierenden Thema.*

Ein Aufenthalt in einem Bungalow über dem Meer in Tahiti ist für dieses Sternzeichen fantastisch. Eine andere luxuriöse Alternative, die der Löwe liebt, wäre eine private tropische Insel auf den Malediven, den Fidschi-Inseln oder den Jungferninseln zu mieten.

Jungfrau*, Italien ist Ihre beste Wahl. Dieses Land wird Sie gut beschäftigen. Als Erdzeichen sind Sie mit der Welt um Sie herum verbunden. Orte wie La Romana in der Dominikanischen Republik, Puerto Viejo in Costa Rica und Belo Horizonte in Brasilien werden Ihnen Leben einhauchen.*

***Waage**, ziehe Städte mit Museen vor. Ein Urlaub in den Tropen ist für die Waage nicht so befriedigend wie eine Besichtigung des Louvre in Paris, des Akropolis-Museums in Athen, Griechenland, des Prado-Museums in Madrid, Spanien oder der Uffizien in Florenz, Italien.*

***Skorpion**, verbringen Sie ein paar Tage an einem abgelegenen Strand mit Alkohol und Massagen. In Griechenland, Bali, St. Martin oder Hawaii finden Sie all diese Annehmlichkeiten. Der Besuch von Kulturstätten in der Nähe Ihres Luxushotels wäre eine außergewöhnliche Kombination aus Tropen- und Kultururlaub. Mykonos und Roda in Griechenland sind perfekte Reiseziele.*

***Schütze, erkunde** den Jakobsweg, ein Netz ganz unterschiedlicher Pfade, die alle zur Stadt Santiago de Compostela führen. Jeder Weg hat seine Geschichte, sein Erbe und seine Magie. Der Schütze ist ein Reisender, der sich nach neuen Erfahrungen sehnt. In Irland werden Sie alles finden, was Sie suchen.*

***Steinbock**, ein zielstrebiges Zeichen. Ferien, in denen Sie neue Geschäftsbeziehungen knüpfen können. China wäre spektakulär. Steinbock hat einen Sinn für* historische Werte, den andere Zeichen nicht haben. In Ländern wie Israel und Ägypten, wo die Geschichte präsent ist, werden Sie sich zu Hause fühlen.

Der Wassermann liebt innovative Ideen, unbekannte Orte und neue Beziehungen. Ein fantastisches Land für einen Besuch wäre Japan, nicht nur wegen seiner faszinierenden Geschichte und Kultur, sondern auch, weil jede seiner Regionen etwas anderes zu bieten hat.

Fische, ein Wasserzeichen, das sich über tropische Urlaube freut. Ein Hotel direkt am Strand wäre ideal. Die Insel "La Dique" in der Republik der Seychellen, der schönste Strand der Welt, wird ein sicherer Erfolg sein. Fische haben eine ruhige Lebenseinstellung und werden von Neptun regiert, was Sie zu einem kreativen Denker macht. Schweden ist ein Land, das er besuchen sollte, weil er dort eine Kultur vorfindet, die so innovativ ist wie er selbst.

Wer ist dein Seelenverwandter nach deinem Sternzeichen?

Wenn wir den Begriff "Seelenverwandte" hören, denken wir in der Regel an die Mitglieder eines Paares, d. h. an jemanden, mit dem man eine starke gefühlsmäßige und sexuelle Verbindung hat. Echte Seelenverwandte haben jedoch nicht immer eine solche Beziehung zueinander und sind oft nicht einmal an dem sexuellen Aspekt einer Beziehung interessiert.

Ihr Seelenverwandter kann nicht nur Ihr Partner sein, sondern auch Ihre Eltern, Freunde, Kinder, Großeltern, Ihr Chef oder Ihre Schwester.

Aus astrologischer Sicht und in Anbetracht der Tatsache, dass die Lektionen, die wir lernen müssen, bevor wir die nächste spirituelle Ebene erreichen, diejenigen sind, die die Art der affektiven Beziehungen bestimmen, die wir heute im Leben entwickeln müssen, können wir sagen, dass Krebs und Fische Seelenverwandte des Widders sind.

Mit Krebs und Fische kann der Widder sich nicht nur besser konzentrieren und Konflikte gewaltfrei lösen, sondern auch Empathie entwickeln, d. h. die Fähigkeit, sich in den anderen hineinzuversetzen und zu lernen, zu teilen.

Diese beiden Zeichen mögen keine Konflikte, und wenn sie doch entstehen, ziehen sie den Dialog jeder Episode von Brutalität vor.

Der Widder kann dem Krebs und den Fischen beibringen, nicht auf die Zustimmung anderer angewiesen zu sein, risikofreudiger zu sein und nicht zu versuchen, es allen recht zu machen, d.h. durchsetzungsfähiger zu sein.

Der sinnliche Stier, Feind des Wandels und Verwandter der Trägheit, hat als Seelenverwandte Schütze und Zwillinge, zwei Zeichen, die wissen, dass das Leben eine faszinierende Reise ist, aber keine statische Reise.

Sie können dem Stier beibringen, dass er nicht aus Angst vor Ungewissheit dortbleiben muss, wo er nicht mehr sein muss, und dass es immer bestimmte Situationen oder Umstände geben wird, die eintreten werden, ohne dass wir sie erwarten und ohne, dass wir die Macht haben, sie zu ändern. Der Stier hat diesen Zeichen auch viel zu lehren.

Lektionen über Willenskraft, Verpflichtungen gegenüber anderen, Engagement für das, was sie tun, und Beharrlichkeit, ohne Eile oder Langsamkeit, bis zum Ende durchzuhalten. Prinzipien zu haben und klug zu sein.

Der Löwe kann mit seinen Seelenverwandten, die der Waage und dem Wassermann angehören, eine Menge Karma ausgleichen.

Ein Löwe kann aus Eitelkeit auf einer falschen Idee oder Überzeugung beharren; Waage und Wassermann wissen, dass hinter einer egozentrischen Person ein geringes Selbstwertgefühl steht.

Die Waage lehrt den Löwen Gleichmut und Toleranz, Argumentation und Diplomatie, um eine reibungslose Kommunikation zu gewährleisten. Wassermann, das gegenüberliegende Zeichen von Löwen, ausgestattet mit einem objektiven und fairen Urteil, da sie nie von Vorurteilen beeinflusst werden, wird Löwe lehren, die Herzen der Menschen zu sehen, ihre Schulter anzubieten und mitfühlende Worte in Zeiten der Not zu geben.

Der Löwe zögert nie, wenn er Entscheidungen trifft, und wenn doch, dann manifestiert er sie nicht, etwas, das die Waage praktizieren sollte.

Treue ist ein Markenzeichen des Löwen, etwas, das der Wassermann nicht kennt, und die kleinen Löwen können ihm moralische Lektionen erteilen.

Die Jungfrau, die wegen ihrer immensen Angst vor dem Scheitern als Perfektionist bekannt ist, hat Skorpion und Steinbock als Seelenverwandte. Jungfrauen sind gerne streng in ihren Entscheidungen und haben einen Prototyp in jedem Aspekt ihres

Lebens. Diese Selektivität hält sie davon ab, der Bewegung des Lebens zu folgen.

Die Jungfrau wird ein ganzes Projekt in der Luft zerreißen, wenn sie das Gefühl hat, dass es von Anfang an nicht perfekt war, was ein Steinbock niemals tun würde, da ihr Weitblick sie erkennen lässt, dass es immer Alternativen gibt, ohne von vorne anfangen zu müssen.

Der Steinbock ist ein Zeichen, das sich seines eigenen Raumes sicher ist, er trifft keine sinnlosen Entscheidungen, wie es die Jungfrau manchmal tut.

Andererseits kann der Skorpion das Schlimmste abmildern und das Beste der Jungfrau verstärken. Skorpion und Jungfrau haben eine praktische Herangehensweise an das Leben; allerdings ist der Skorpion viel lebensfroher als die Jungfrau. Der Skorpion bringt die Entschlossenheit mit, die der Jungfrau fehlt, und die Jungfrau bringt Kontrolle und Rationalität in den enthusiastischen Skorpion.

Die Jungfrau wird den Steinbock an seiner Seite angenehmer und spielerischer machen und ihn von der übermäßigen Ernsthaftigkeit, die er oft an den Tag legt, isolieren.

Der Wahnsinn

Der Wahnsinn hat sich im Laufe der Geschichte als eine obskure, rätselhafte und widersprüchliche Wahrheit erwiesen. Er hat uns Angst gemacht, wir haben ihn ignoriert und sogar akzeptiert, und infolgedessen wurden die Menschen, die unter ihm litten, abgelehnt, eliminiert und geehrt.

Jedes Verhalten, das nicht mit unserem Verstand übereinstimmt, ist nicht unbedingt ein Akt des Wahnsinns, sondern eine einzigartige Vorgehensweise.

Es ist ein Fehler, wenn wir, wenn wir uns von den Handlungen oder Dummheiten anderer betroffen oder verärgert fühlen, diese verbannen, denn das macht uns nicht vernünftiger, ausgeglichener oder vollkommener, sondern macht uns genauso verrückt.

Die Definition des Wahnsinns ist ebenso komplex wie die des Verstandes, aber alle Tierkreiszeichen haben ihren Grad an Wahnsinn.

Krebs: *Sie sind temperamentvoll. Dies führt dazu, dass sie von außen betrachtet eine unverständliche Persönlichkeit haben. Die Popularität der Verrückten beruht auf ihrem widersprüchlichen Charakter, der die Menschen um sie herum manchmal verstört.*

Skorpion: *Sie brauchen Veränderung, um glücklich zu sein, sie können verrückte Dinge tun, nur um etwas Action zu erzeugen. Für sie ist es normal, einen Ausbruch zu haben, denn sie sind süchtig nach Veränderung und Aufregung.*

Fische: *Es ist für sie unmöglich, dich nicht mit ihrem Wahnsinn anzustecken. Ihre Instabilität und ihr Ungleichgewicht stören die Menschen um sie herum. Sie sehen alles rosig, was dazu führt, dass sie als verrückt bezeichnet werden, weil sie immer auf einer Wolke schweben.*

Zwillinge: *Er ist berühmt für seine Dualität. Sie sind manchmal in Konflikt mit sich selbst. Sie lieben Herausforderungen, die Gefahren mit sich bringen. Sie lieben es, improvisierte Abenteuer zu planen und sind immer bereit, die Grenzen des maximalen Wahnsinns zu überschreiten.*

Löwe: *Wenn sich das Feuer in ihrem Kopf festsetzt, denken sie, dass alles, was ihr Leben umgibt, dringender ist als alles andere. Sie sind extravagant und haben Einstellungen, die für andere als verrückt* gelten. Sie können Dinge tun, die ein vernünftiger Mensch niemals tun würde.

Widder: Sie verärgern sich selbst und alle um sie herum. Sie sind stur und wollen in allem der Erste sein, auch wenn sie dafür verrückte Dinge tun müssen. Sie wissen nicht, wie man es zurückzunehmen, etwas, das sie zu irrationalen Handlungen führt.

Wassermann: Ein rebellisches und freies Zeichen, das sich nicht im Geringsten um die Meinung kümmert, die man von ihm hat. Es handelt in einer kapriziösen Art und Weise, mit verrückten Haltungen, die die Paradigmen brechen.

Schütze: Er ist lustig, aber gewalttätig mit seinem Wunsch nach Aktion. Sie wissen nicht, wie man die Folgen ihres Handelns zu messen, etwas, das viele als Wahnsinn. Es ist nicht verwunderlich, sie völlig ungezügelt zu sehen, die Überquerung des Terrains der Verantwortungslosigkeit.

Waage: Sie sehnen sich nach Glück und Harmonie, und um das zu erreichen, sind sie bereit, alles Verrückte zu tun. Sie sind instabil, und das führt sie zu brechen ihre Verpflichtungen, etwas, das viele als verrückt.

Jungfrau: *Sie gehen bis zum Äußersten und werden obsessiv. Sie haben eine Vision von dem, was sie wollen, in Stein gemeißelt, niemand kann ihnen Ratschläge geben, sie lassen sich nicht leiten. Wenn sie nicht zuhören, begehen sie verschiedene Dummheiten.*

Stier: *Wenn ihnen eine Idee in den Sinn kommt, gibt es niemanden, der sie vertreibt, und sie begehen sogar verrückte Dinge, um ihre Hypothese zu untermauern. Versuchen Sie, ihre Geduld zu bewerten, und Sie werden entdecken, wie weit ihre Verrücktheit geht.*

Steinbock: Er *vergisst absolut nichts, nicht verzeihen und noch viel weniger, vergisst, wenn Sie etwas falsch machen, keine Sorge, weil er Sie ein Leben lang daran erinnern, um Sie völlig verrückt zu machen. Steinbock ist wahnsinnig obsessiv über die Kontrolle.*

Die Psychologie des Lottospiels.

Lotteriespiele sind auf der ganzen Welt sehr beliebt.

Wir alle haben den unmöglichen Traum, im Lotto zu gewinnen, denn die Illusion, durch einen Glücksfall Millionär zu werden, auch wenn die Chancen minimal sind, ist der Hauptgrund, warum Menschen spielen.

Die Spieler nehmen wahr, dass die Kosten für das Lotterielos im Verhältnis zu den Gewinnen, die sie im Falle eines Gewinns erzielen würden, verschwindend gering sind. Wir nehmen Risiken immer emotional wahr, und wenn sie uns Freude bereiten, neigen wir dazu, das Risiko als unbedeutend zu betrachten und das Gefühl der Gefahr zu neutralisieren, indem wir uns nur auf die Vorteile konzentrieren.

Die Spieler sehen in der Lotterie eine einmalige Gelegenheit, mit geringem Geldeinsatz und geringem Risiko einen Gewinn zu erzielen.

Spiele haben sowohl traditionelle als auch abergläubische Aspekte. Manche Menschen spielen immer dieselben Zahlen, weil sie ihre Lieblingszahlen sind, weil sie sie mit einem wichtigen Datum in Verbindung bringen oder weil sie sie geträumt haben.

Andere spielen zu einer bestimmten Zeit, an einem bestimmten Tag oder an einem bestimmten Ort. Wenn wir denken, dass wir die Kontrolle haben, fühlen wir uns zuversichtlich, denn wenn wir die Zahlen selbst auswählen, anstatt nach dem Zufallsprinzip zu spielen, obwohl die Chancen, richtig zu liegen, die gleichen sind, haben wir den Eindruck, dass wir das Schicksal kontrollieren und dass die Chancen zu unseren Gunsten stehen.

Es gibt Leute, die nur zum Spaß spielen, in diesen Fällen geht die Lotterie über die wirtschaftlichen Kosten hinaus und wird zu einem Spaß, der belebt wird, wenn sie sich ausmalen, was sie mit dem Geld, das sie erwerben würden, alles machen könnten.

Es gibt fünf psychologische Beschreibungen der einzelnen Lottospieler:

Der Abenteurer, der von Spielen um große Geldsummen, von Spekulationen mit Zufallszahlen und mit geplanten Zahlen verzaubert ist.

Der Konkurrent, der darauf besteht, durch Glücksspiele zu zeigen, dass er auf Sieg wettet.

Der Gierige, der dem Glücksspiel keine Grenzen setzt und sich nicht scheut, beim Wetten Risiken einzugehen.

Der Taktiker, der niemals riskant spielt, sucht nach Taktiken, Strategien und numerischen Sets, wenn er die Zahlen spielt.

Der abergläubische Mensch, der immer die gleichen Zahlenkombinationen spielt, verwendet Talismane, Rituale oder kauft seine Lose an einem bestimmten Datum und Ort.

Gibt es einen Trick oder eine Formel, um im Lotto zu gewinnen?

Diese Frage ist noch immer unbeantwortet. Viele spekulieren und behaupten, dass es wahrscheinlicher ist, vom Blitz getroffen zu werden, bevor man im Lotto gewinnt. Andere wiederum studieren die Chancen mit großer Ausdauer und Raffinesse.

Das Lottospiel oder jedes andere Glücksspiel, wenn es mit Bedacht betrieben wird, ist ein billiger Weg, um Illusionen und Vertrauen in die Zukunft zu kaufen. Kompliziert wird es, wenn die Person ihren Spieltrieb nicht kontrollieren kann, so dass eine Spielsucht entsteht und sie in die Spielsucht verfällt.

Ein Spielsüchtiger ist ein Mensch, dem das Glücksspiel große Schwierigkeiten bei der Arbeit und in seinen familiären Beziehungen bereitet, da Verluste ihn dazu verleiten, größere Geldbeträge zu verspielen, um das verlorene Geld zurückzugewinnen. Dies wird zu einem Teufelskreis, der nur durch eine psychotherapeutische Behandlung gelöst werden kann.

Die besten Geschenke für Tierkreiszeichen

Geschenke sind ein universelles Mittel, um zu zeigen, dass wir uns um eine Person kümmern und sie schätzen, aber der Kauf von Geschenken kann eine Herausforderung sein, für manche sogar ein echtes Problem.

Die Planeten können Ihnen helfen, sobald Sie das Sternzeichen der Person kennen, können Sie vielleicht das ideale Geschenk machen.

*Feuerzeichen: **Widder, Löwe und Schütze** mögen Geschenke, die ihnen das Gefühl geben, wichtig zu sein, und die mit Sport, Reisen und Technik zu tun haben.*

Eine professionelle Digitalkamera, das neueste iPhone-Modell, ein Flugticket mit Hotel zu einem exotischen Touristenort oder mit historischem Hintergrund, Geschäftsbücher, Sportbekleidung oder Fitnessgeräte, Lotterielose, Flaschen mit gutem Wein und exklusive Markenschuhe werden diese Zeichen erfreuen.

***Stier, Jungfrau und Steinbock**, die dem Erdelement angehören, sind manchmal traditionell, aber das bedeutet nicht, dass sie keine Geschenke von anerkannten Marken mögen.*

Ein Gemälde eines berühmten Malers, ein Gürtel oder eine Aktentasche für ihre Arbeitsunterlagen, eine Brieftasche mit ihren Initialen, Markenparfüms, Massagen oder Körperbehandlungen, ein Haustier, Bademäntel, kuschelige Pyjamas oder sogar Aromatherapie-Diffusoren werden sie glücklich machen.

Luftzeichen: **Zwillinge, Waage und Wassermann** *sind nicht materialistisch, und die Funktionalität eines Geschenks ist viel wichtiger als der Preis. Ihre Fantasie ist reichlich vorhanden, und alles, was diese Fähigkeit anregt, spricht sie an.*

Ein Handy, ein Computer oder IPad, Bücher über persönliches Wachstum, Spiritualität, Philosophie und alternative Therapien, Selbsthilfe- und Wirtschaftskurse, ein Teleskop, Karten für die Oper oder das Theater, ein Tier, das nicht eingesperrt werden muss, Quarz, ätherische Öle, Weihrauch und After-Bath-Colognas werden von diesen Zeichen sehr geschätzt.

Krebs, Skorpion und Fische, *die Wasserzeichen, lieben personalisierte Geschenke. Kochutensilien, ein romantisches Abendessen am Strand unter dem Mondschein, eine entspannende Massage in einem Spaß, gewagte Dessous, Hausschuhe oder ein* bequemes Sofa zum Fernsehen, eine Flasche Champagner, Duftkerzen, Amulette, Astrologie Bücher, ein Satz von Tarot-Karten, Lotionen, Parfums und Beauty-Accessoires, Wein, Kekse, Konserven und alle Arten von Gourmet-Produkten sind auf der Liste der Geschenke, die diese Zeichen mit großer Freude annehmen werden.

Schenken ist ein Segen, es ist eine Geste der Großzügigkeit; Schenken ist ein symbolischer Akt, der ein Kompliment darstellt, eine Aufmerksamkeit für jemanden, den wir erfreuen wollen, und der die Zuneigung symbolisiert, die wir bekunden.

Wenn wir Geschenke machen, werden Beziehungen verbessert und gestärkt, und es entsteht Freude.

Die Tierkreiszeichen und ihre Ängste.

Die zwölf Tierkreiszeichen symbolisieren zwölf wesentliche Archetypen der menschlichen Persönlichkeit, sind aber gleichzeitig auch psychologische Prototypen, weshalb jedes der Tierkreiszeichen eine spezifische und persönliche Angst hat.

Wir sollten uns daran erinnern, dass Angst ein wesentlicher menschlicher Alarm- und Abwehrmechanismus ist. Sie wird nur dann zum Problem, wenn sie übermäßig ist.

Ängste sind Unsicherheiten und manchmal projizieren wir sie mit den entgegengesetzten Handlungen, wie es der Fall des Widder-Zeichens ist; anerkannt für ihren eisernen Willen, nichts und niemand lähmt sie. Sie lieben es, alles zu kontrollieren, und ihre tief verwurzelte Angst ist es, zu versagen oder um Hilfe zu bitten, weil dies für sie ein Synonym für Schwäche ist.

***Der Stier** ist das sturste der Erdzeichen. Veränderungen machen ihm Angst, und wenn ihm das Geld ausgeht, verbringt er sein Leben mit Sparen, denn Armut macht ihm Angst.*

Zwillinge, die Kommunikatoren des Tierkreises, sind ein wenig ängstlich und unsicher, sie versuchen, Aufmerksamkeit zu erregen, weil sie fürchten, langweilig auszusehen. Legitime Kinder des Mondes, Cancers lieben ihre Sicherheitszone, weil niemand sie dort verletzen kann, sie haben Angst vor Einsamkeit und Ablehnung.

Der Löwe, der König des Tierkreises, der Anführer und der Mutige, wurde nicht geboren, um zu verlieren. Ihre größte Angst ist es, unbemerkt zu bleiben; sie ziehen es vor, schlecht gemacht zu werden, aber nicht ignoriert zu werden.

Die Ordnungsexpertin **Jungfrau** wird manchmal zwanghaft, wenn es um ihre Gesundheit geht, sie ist also eine Hypochonderin. Ihre größte Angst ist es, krank zu werden, aber die Unordnung macht ihnen mehr Angst als alles andere.

Außerordentlich intelligente **Waagen** sind unentschlossen, und genau darin liegt ihre größte Angst: Entscheidungen zu treffen. Eine weitere ihrer Ängste ist die Einsamkeit.

*Die rätselhaften und verführerischen **Skorpione** haben ein Elefantengedächtnis, sie fürchten sich vor Verrat, und wenn du etwas tust, was ihnen nicht gefällt, werden sie es dir für immer vorenthalten. Behalte niemals ein Geheimnis vor einem Skorpion.*

*Der **Schütze,** der Abenteurer des Tierkreises, hat Angst, sich zu binden, denn die Anforderungen sind erschreckend. Sie sind sehr lustig, aber hinter diesem Lächeln verbirgt sich die Angst, betrogen zu werden.*

*\
Steinbock sind anspruchsvoll und weichen nie von ihren Zielen ab; ihre größte Angst ist es, Fehler zu machen, vor allem auf beruflicher Ebene. Sie sind aufopferungsvoll und haben Angst, ihre Träume nicht zu verwirklichen.*

*\
Die rebellischen und utopischen **Wassermänner** fürchten, ihre Freiheit zu verlieren, denn das würde bedeuten, ihr eigenes Wesen zu verlieren. Sie haben immer viele Freundschaften, aber keine von ihnen bindet sie. Sie brauchen die Gruppe, wollen aber nicht, dass die Gruppe sie braucht.*

*\
Frieden ist ein Synonym für **Fische**, sie hassen Konfrontationen. Durch und durch mitfühlend, haben sie Angst, andere leiden zu sehen. Sie sind ein wenig*

unsicher, haben Lampenfieber und Angst vor Ablehnung.

In einigen alten Astrologie Büchern wird Saturn für die Angst in einem Geburtshoroskop verantwortlich gemacht. Ich denke, damit Angst entsteht, muss sich die Allianz mehrerer Planeten mit ihren entsprechenden Energien manifestieren.

Das heißt, Ängste werden von mehreren Planeten repräsentiert, die durch Aspekte miteinander verbunden sind, es gibt keinen bestimmten Planeten, der notwendigerweise mit der Entwicklung irgendeiner Art von Angst verbunden ist.

Mond in Skorpion

Menschen mit dem Mond im Zeichen Skorpion haben eine tiefe Verbindung zu emotionalen Schäden, da sie es äußerst schwierig finden, alte Wunden zu heilen. Ihr Ego neigt dazu, sich von diesen alten Wunden ablenken zu lassen und sie in ihrem Geist offen zu halten.

Wenn Ihr Mond im Skorpion steht, neigen Sie dazu, Emotionen stark und tiefgründig zu erleben, und es fällt Ihnen schwer, sich sicher zu fühlen.

Zum Sicherheitsgefühl des Mondes trägt es bei, wenn andere seine Gefühle verstehen können, ohne dass er sie direkt äußert.

Diese Menschen neigen dazu, ihre Freunde und Familie zu besitzen. Sie haben ständig Angst, verraten zu werden, da sie die Fähigkeit besitzen, in die Seelen und Fehler anderer zu sehen.

Sie neigen dazu, zu manipulieren, wenn sie sich verdächtig fühlen, was für diejenigen, die ihnen nahestehen, anstrengend sein kann.

Sie sind nachtragend, können nur schwer verzeihen und leben deshalb manchmal mit Groll, Schuldgefühlen und Rachegelüsten.

Die Bedeutung des Aszendenten Zeichens

Das Sonnenzeichen hat einen großen Einfluss darauf, wer wir sind, aber der Aszendent ist das, was uns wirklich ausmacht, und das könnte sogar der Grund dafür sein, dass Sie sich mit einigen Merkmalen Ihres Sternzeichens nicht identifizieren.

Wenn du dein Horoskop liest, fühlst du dich manchmal identifiziert und es gibt einigen Vorhersagen einen Sinn, und das passiert, weil es dir hilft zu verstehen, wie du dich fühlen könntest und was mit dir passieren wird, aber es zeigt dir nur einen Prozentsatz dessen, was wirklich sein könnte.

Der Aszendent unterscheidet sich vom Sonnenzeichen, weil er widerspiegelt, wer wir oberflächlich gesehen sind, d. h. wie andere uns sehen oder welche Energie wir auf andere übertragen, und das ist so real, dass Sie vielleicht jemanden treffen, und wenn Sie sein Zeichen vorhersagen, haben Sie vielleicht sein Aszendenten Zeichen und nicht sein Sonnenzeichen entdeckt.

Zusammenfassend lässt sich sagen, dass die Eigenschaften, die man bei jemandem sieht, wenn man ihn zum ersten Mal trifft, der Aszendent ist, aber da unser Leben beeinflusst wird, wir in Beziehung zu anderen stehen, hat der Aszendent einen großen Einfluss auf unser tägliches Leben.

Es ist etwas kompliziert zu erklären, wie das Zeichen des Aszendenten berechnet oder bestimmt wird, denn es ist nicht die Position eines Planeten, die es bestimmt, sondern das Zeichen, das zum Zeitpunkt Ihrer Geburt am östlichen Horizont aufstieg, im Gegensatz zu Ihrem Sonnenzeichen, das vom genauen Zeitpunkt Ihrer Geburt abhängt.

Dank der Technologie und des Universums ist es heute einfacher denn je, diese Informationen zu wissen, natürlich, wenn Sie Ihre Geburtszeit kennen, oder wenn Sie eine Vorstellung von der Zeit haben, aber es gibt nicht eine Marge von mehr als Stunden, denn es gibt viele Websites, die die Berechnung durch Eingabe der Daten, astro.com ist eine von ihnen, aber es gibt unendlich.

Auf diese Weise können Sie beim Lesen Ihres Horoskops auch Ihren Aszendenten lesen und mehr persönliche Details erfahren. Sie werden sehen, dass sich von nun an Ihre Art, das Horoskop zu lesen, ändern wird, und Sie werden wissen, warum dieser Schütze so bescheiden und pessimistisch ist, wenn er in Wirklichkeit so übertrieben optimistisch ist, und das liegt vielleicht daran, dass er einen Steinbock-Aszendenten hat, oder weil dieser Skorpion-Kollege immer über alles redet, zweifellos hat er einen Zwillinge-Aszendenten.

Ich werde die Eigenschaften der verschiedenen Aszendenten zusammenfassen, aber auch das ist sehr allgemein, denn diese Eigenschaften werden durch Planeten in Konjunktion mit dem Aszendenten, durch Planeten, die den Aszendenten aspektieren, und durch die Stellung des Herrscherplaneten des Zeichens im Aszendenten verändert.

Ein Mensch mit einem Widder-Aszendenten und seinem herrschenden Planeten Mars in Schütze wird zum Beispiel etwas anders auf die Umwelt reagieren als ein anderer Mensch, der ebenfalls einen Widder-Aszendenten hat, dessen Mars aber im Skorpion steht.

In ähnlicher Weise wird sich eine Person mit einem Fische-Aszendenten, die Saturn in Konjunktion zu ihm hat, anders "verhalten" als jemand mit einem Fische-Aszendenten, der diesen Aspekt nicht hat.

All diese Faktoren verändern den Aszendenten, die Astrologie ist übermäßig komplex, und Horoskope werden nicht mit Tarotkarten gelesen oder erstellt, denn Astrologie ist nicht nur eine Kunst, sondern auch eine Wissenschaft.

Es kommt häufig vor, dass diese beiden Verfahren verwechselt werden, denn obwohl es sich um zwei unterschiedliche Konzepte handelt, haben sie einige Gemeinsamkeiten. Eine dieser Gemeinsamkeiten liegt in ihrem Ursprung und darin, dass beide Verfahren seit der Antike bekannt sind.

Sie ähneln sich auch in den verwendeten Symbolen, da beide mehrdeutige Symbole darstellen, die interpretiert werden müssen, was eine spezielle Lektüre und Ausbildung erforderten, um zu wissen, wie diese Symbole zu interpretieren sind.

Es gibt Tausende von Unterschieden, aber einer der wichtigsten ist, dass, während im Tarot die Symbole sind vollkommen verständlich auf den ersten Blick, wobei figurative Karten, obwohl es notwendig ist, zu wissen, wie man sie gut zu interpretieren, in der Astrologie beobachten wir ein abstraktes System, das notwendig ist, um zu wissen, vorher zu interpretieren, und natürlich muss gesagt werden, dass, obwohl wir erkennen können, die Tarot-Karten, jeder kann nicht interpretieren sie richtig.

Die Deutung ist auch ein Unterschied zwischen den beiden Disziplinen, denn während des Tarots keinen genauen Zeitbezug hat, da die Karten nur dank der im entsprechenden Legesystem gestellten Fragen zeitlich eingeordnet werden, bezieht sich die Astrologie auf eine bestimmte Stellung der Planeten in der Geschichte, und die von beiden verwendeten Deutungssysteme sind diametral entgegengesetzt.

Das Horoskop ist die Grundlage der Astrologie und der wichtigste Aspekt bei der Erstellung von Vorhersagen. Das Horoskop muss perfekt ausgearbeitet sein, damit die Lesung erfolgreich ist und man mehr über die Person erfährt.

Um ein Geburtshoroskop zu erstellen, muss man alle Daten über die Geburt der betreffenden Person kennen.

Sie muss genau bekannt sein, vom genauen Zeitpunkt der Lieferung bis zum Ort, an dem sie durchgeführt wurde.

Die Stellung der Planeten zum Zeitpunkt der Geburt verrät dem Astrologen die Punkte, die er für die Erstellung des Geburtshoroskops benötigt.

In der Astrologie geht es nicht nur darum, die Zukunft zu kennen, sondern auch darum, die wichtigen Punkte Ihrer Existenz, sowohl in der Gegenwart als auch in der Vergangenheit, zu kennen, um bessere Entscheidungen für Ihre Zukunft zu treffen.

Die Astrologie hilft Ihnen, sich selbst besser kennenzulernen, so dass Sie die Dinge, die Sie blockieren, ändern oder Ihre Qualitäten verbessern können.

Und wenn das Horoskop die Grundlage der Astrologie ist, so ist die Tarot-Lesung von grundlegender Bedeutung für diese Disziplin. Wie derjenige, der Ihnen das astrologische Horoskop macht, wird der Seher, der Ihnen die Tarot-Lesung macht, der Schlüssel zum Erfolg Ihrer Lesung sein, so dass es am besten ist, nach empfohlenen Tarot-Lesern zu fragen, und obwohl Sie sicherlich nicht speziell auf alle Fragen antworten können, die Sie sich in Ihrem Leben *stellen, wird eine korrekte Lesung der Tarot-Lesung und der Karten, die in der Rolle herauskommen, Ihnen helfen, die Entscheidungen zu treffen, die Sie in Ihrem Leben treffen.*

Zusammenfassend lässt sich sagen, dass Astrologie und Tarot sich der Symbolik bedienen, aber die Hauptfrage ist, wie all diese Symbolik interpretiert wird.

Eine Person, die beide Techniken beherrscht, wird zweifellos eine große Hilfe für die Menschen sein, die sie um Rat fragen.

Viele Astrologen kombinieren beide Disziplinen, und die regelmäßige Praxis hat mich gelehrt, dass beide in der Regel sehr gut ineinander übergehen und eine bereichernde Komponente in allen Vorhersagefragen darstellen, aber sie sind nicht dasselbe, und man kann weder ein Horoskop mit Tarotkarten erstellen noch eine Tarot Deutung mit einem astrologischen Horoskop.

Aszendent in Skorpion

Menschen mit Aszendenten im Skorpion besitzen eine Aura des Geheimnisvollen. Sie sind Menschen, die sich selbst gerne kennen und ihre Geheimnisse nicht gerne anderen preisgeben. Sie lieben es, alles, was ihnen widerfährt, zu hinterfragen und nach dem Warum der Dinge zu suchen.

Diese Besessenheit, alles zu wissen, kann dazu führen, dass sie der Besessenheit nach Kontrolle und Macht erliegen.

Wenn sich diese Menschen von der dunklen Seite dieses Aszendenten mitreißen lassen, versuchen sie schließlich, den Rest der Menschen zu kontrollieren und zu manipulieren. Sie sind auch boshaft, wenn man sie stört, werden sie sich rächen, auch wenn das das Letzte ist, was sie tun.

Andererseits sind sie in der Regel sehr treue Menschen, und man sollte sich keine Sorgen machen, wenn man sie nicht betrügt. Angesichts dieser Eigenschaften suchen sie nach stabilen Lebenspartnern, die ihnen Sicherheit bieten. Jemanden, dem sie blind vertrauen können.

Widder - Aszendent Skorpion

Widder mit Skorpion-Aszendent sind in allem, was sie sich vornehmen, erstaunlich effektiv. Die Initiative des Widders wird durch den Charakter des Skorpions verstärkt, sich in alles zu vertiefen, so dass sie neue Dinge in Angriff nehmen können.

Wenn das, was sie tun, herausfordernd, aber anregend ist, neigen sie dazu, so lange zu kämpfen, bis sie es erreicht haben, und dieser Prozess des Kampfes und der Überwindung dient ihrer persönlichen Entwicklung.

Bei der Arbeit erreichen sie die beruflichen Ziele, die sie sich selbst gesetzt haben. Sie können Führungspositionen einnehmen.

In Beziehungen sind sie kalt und schwer zu erreichen, aber nichts könnte weiter von der Wahrheit entfernt sein, tief im Inneren sind sie sehr enthusiastisch. Wenn sie sich verlieben, geben sie sich ganz der Beziehung hin.

Stier - Skorpion Aszendent

Stier-Aszendent-Skorpion ist eine ausgewogene Kombination. Sie sind respektvolle Menschen, und in ihrer Arbeit sind sie ausdauernd und kämpferisch.

Dies ist die magnetischste Kombination des Tierkreises, wenn sie sich mit voller Überzeugung hingeben und es keinen Platz für oberflächliche Beziehungen gibt.

Manchmal, wenn sie zu weit gehen, können sie in toxischen Beziehungen enden. Sie neigen dazu, ziemlich giftig und besitzergreifend zu sein.

Zwillinge - Skorpion Aszendent

Zwillinge mit Skorpion-Aszendent sind extrovertiert, aufmerksam und akribisch.

Wenn sie auf der Suche nach einem Partner sind, lassen sie die andere Person nicht gerne wissen, dass sie an ihr interessiert sind. Sie ziehen es vor, eine eisige Schale aufzusetzen und ihre Gefühle zu verbergen. Wenn sie jedoch verliebt sind, werden sie versuchen, die Person mit allen Mitteln zu erobern.

Sie sind Experten darin, ihre wahren Absichten zu verbergen, und das kann sie zu falschen Menschen machen, die letztlich aus reinem Interesse handeln.

Wenn sie jemanden manipulieren müssen, haben sie kein Problem.

Diese Menschen sind intelligent und verfolgen hartnäckig ihre Ziele.

Krebs - Skorpion-Aszendent

Krebs-Aszendent Skorpion-Aszendent hat emotionale Tiefe und akute Sensibilität. Diese Mischung aus dem Wasserelement hat eine einzigartige emotionale Intensität. Durch das Erleben von Emotionen mit einer solchen Intensität zeigen diese Menschen eine große Leidenschaft, die sich in ihrer Persönlichkeit widerspiegelt.

Diese Menschen haben einen außergewöhnlichen Beschützerinstinkt, sie neigen dazu, diejenigen, die ihnen wichtig sind, zu pflegen und zu schützen. Sie sind jedoch zurückhaltend, besonders in neuen Situationen, und achten sehr auf ihre Privatsphäre.

Sie sind für ihre Entschlossenheit und Ausdauer bekannt und werden unflexibel. Wenn sie sich ein Ziel setzen, treibt sie ihre Hartnäckigkeit an, bis sie es erreicht haben, und das spiegelt sich auch am Arbeitsplatz wider.

Diese Kombination birgt ein unglaubliches Potenzial für Transformation und persönliches Wachstum.

Löwe - Aszendent Skorpion

Löwen mit Skorpion-Aszendent sind attraktive Menschen, die sich durch die Intensität auszeichnen, mit der sie Dinge tun. Ihre Natur ist unersättlich, und sie werden immer danach streben, Macht- und Prestigepositionen zu erlangen, da dies etwas ist, das sie schätzen.

Sie werden sich Berufe suchen, die ihnen Anerkennung und Erfolg bringen können. Sie zeichnen sich in der Regel durch ihre Fähigkeit zur Führung und ihre große Verantwortung aus.

In ihren Beziehungen haben sie einen starken und arroganten Charakter, und das macht sie für viele andere Menschen attraktiv.

Jungfrau - Skorpion Aszendent

Jungfrauen mit Skorpion-Aszendent sind geistige Menschen. Sie wissen sehr gut, wie sie die Dinge angehen müssen, da die analytische Fähigkeit der Jungfrau mit der Intuition des Skorpions verbunden ist.

Sie zeichnen sich durch Tätigkeiten aus, die Beratung oder Beobachtung beinhalten oder ausgeklügelte Strategien erfordern.

Im emotionalen Bereich sind sie widersprüchlich, denn sie sind äußerst rationale Menschen, aber ihre Leidenschaft ist enorm. Sie können sich in einem ständigen Kampf zwischen Vernunft und Gefühl befinden. Dennoch legen sie in der Regel großen Wert auf stabile Beziehungen.

Waage - Aszendent Skorpion

Waagen mit Aszendenten im Skorpion sind widersprüchliche und zurückhaltende Menschen. Diese Menschen sind fantastische Vermittler.

Im beruflichen Bereich lieben sie es, die verschiedenen Standpunkte zu verstehen und zu diskutieren.

In ihren Beziehungen neigen sie dazu, sehr intensiv zu sein, wobei das Gleichgewicht gestört sein kann. Wenn das passiert, ist es möglich, dass sie von einer Beziehung träumen, die dann nicht zustande kommt. Sie können sich auch auf Menschen einlassen, die nicht zu ihnen passen, und sich von Leidenschaften hinreißen lassen.

Skorpion - Skorpion-Aszendent

Diese Kombination verstärkt die typischen Eigenschaften des Skorpions. Sie sind geheimnisvoll und schwer zu verstehen, weil sie sehr zurückhaltend sind.

Sie werden in Berufen, die eine heroische Anstrengung erfordern, gut abschneiden, weil sie in der Lage sind, diese ohne Probleme auszuüben.

In der Liebe sind sie enthusiastisch. Leidenschaften sind alles für sie und sie brauchen eine Beziehung, die auf ihrer Ebene ist.

Wenn alle ihre Eigenschaften verstärkt sind, können sie übermäßig eifersüchtig, besitzergreifend und überheblich sein. Man muss sehr vorsichtig sein, um sie nicht zu verraten, denn ihre Rache ist schrecklich.

Schütze - Aszendent Skorpion

Schützen mit Skorpion-Aszendent sind Menschen, die eine große innere Stärke haben. Sie erreichen alles, was sie sich vorgenommen haben, und sie haben einen guten Riecher für alles.

Bei der Arbeit lieben sie es, sich neuen Herausforderungen zu stellen und sich selbst auf die Probe zu stellen. Sie haben gerne Erfolg und kämpfen dafür.

In ihren Beziehungen geben sie alles und verwirklichen einen Teil ihrer Liebe, indem sie ihren Partner mit Geschenken überhäufen.

Manchmal sind sie materialistisch.

Steinbock - Skorpion-Aszendent

Steinböcke mit Skorpion-Aszendent haben eine große Wahrnehmungsfähigkeit, die sie ihre Umgebung und die Funktionsweise der Dinge wahrnehmen lässt. Sie sind streng mit allen und neigen dazu, überzeugende Meinungen zu haben.

Im Beruf sind sie entscheidungsfreudig und ideal für Führungspositionen.

In gefühlsbetonten Beziehungen sind sie sehr anspruchsvoll in Bezug auf das, was sie suchen, und es fällt ihnen leicht, eine Beziehung einzugehen.

Manchmal haben sie schlechte Laune und sind ungeduldig mit ihren Mitmenschen.

Wassermann - Skorpion-Aszendent

Wassermänner mit Skorpion-Aszendent sind charismatische und zugleich schwierige Menschen.

Bei der Arbeit fallen sie durch ihre Originalität auf, und sie versuchen, alles zu erreichen, was sie sich vorgenommen haben.

In der Liebe suchen sie nach jemandem, der ihnen etwas Positives bringt. Sie zeigen ihr wahres Gesicht erst, wenn sie diese Person für vertrauenswürdig halten.

Es fällt ihnen schwer, anderen zu verzeihen, und sie hegen jahrelang einen Groll.

Fische - Skorpion-Aszendent

Fische-Aszendent-Skorpion sind Menschen, die eine ausgezeichnete Beziehung zur okkulten Welt haben. Sie sind rätselhafte Menschen, sehr intuitiv und faszinierend.

In ihren Liebesbeziehungen sind sie eine Achterbahn der Gefühle, an einem Tag geht es ihnen gut und am nächsten Tag ist alles Chaos. Sie haben eine großartige Persönlichkeit, aber was passiert, ist, dass sie ihre Emotionen in der Flasche halten, bis sie sich bereit fühlen, sie zu zeigen.

Manchmal können sie Menschen sein, die jeden zu ihrem Vorteil manipulieren.

Saturn in den Fischen, eines der wichtigsten astrologischen Ereignisse.

Der 7. März 2023 war einer der wichtigsten Tage im astrologischen Kalender dieses Jahres. Saturn, der strenge Lehrer und Herr des Karmas, kollidierte mit den Fischen, den Träumern. Dieser Transit von Saturn in den Fischen, der bis Februar 2026 andauern wird, war keine willkommene Mischung.

Saturn ist ein Planet der Verantwortung und der strengen Autorität, er diszipliniert und strukturiert uns auf seinem Weg durch den Tierkreis. Saturn will sicherstellen, dass wir unsere Ziele erreichen, und wenn dieser Planet durch die Fische, das spirituellste Zeichen, wandert, werden einige wichtige Vorschläge auf uns zukommen. Pluto und Saturn, die sich im Einklang bewegen, werden einen gigantischen energetischen Vulkan auslösen, der garantiert zu einer unvergesslichen Zeit wird. Das mag wie eine Formel für einen Kampf klingen, aber diese energetische Kombination kann effektiv und gewinnbringend sein.

Saturn ist in den Fischen nicht zufrieden. Es ist schwierig für ihn, Strukturen zu gründen und die Realität aufzubauen, wenn sich alles verschiebt. Fische ist ein duales Zeichen, es kann sich also auf entgegengesetzte Weise ausdrücken; es kann sowohl transzendental als auch praktisch sein. Es besteht die Möglichkeit, dass Saturn in den Fischen auf den Bau von Formen über oder unter dem Wasser hinweist, oder auf die Beherrschung des Wassers, wie z. B. Pipelines, Aquädukte und Häfen. Er kann aber auch den Zusammenbruch dieser Strukturen aufgrund von Wirbelstürmen oder struktureller Brüchigkeit aufzeigen.

Der Archetypus der Fische steht im Widerspruch zu Saturn. Er steht für Utopie, Kreativität, Spiritualität und Esoterik, aber auch für Träume, Illusionen, Lügen und Eskapismus. Er symbolisiert das Streben, wie das Meer zu fließen und Grenzen und Beschränkungen zu überwinden.

Der letzte Transit von Saturn in den Fischen fand von Mai 1993 bis April 1996 statt. In dieser Phase wurden die Folgen des Zusammenbruchs der Sowjetunion im Jahr 1989 deutlich, der weltweit Nachwirkungen hatte und die russische Wirtschaft in den Ruin trieb. Russland begann 1994 den ersten Tschetschenienkrieg, der bis 1996 andauerte. Der Internationale Strafgerichtshof für das ehemalige Jugoslawien wurde im Mai 1993 in Den Haag eingerichtet, um Kriegsverbrechen zu verfolgen, die während des Jugoslawienkriegs Anfang der 90er Jahre begangen wurden. Der Bosnienkrieg zwischen Kroaten, Bosniern und Serben hingegen war von Grausamkeiten, ethnischen Säuberungen und zahlreichen Hinrichtungen geprägt. Der Krieg endete 1995, und die meisten bosnisch-serbischen

Befehlshaber wurden wegen Völkermordes und Verbrechen gegen die Menschlichkeit angeklagt. 1994 begann der Völkermord in Ruanda, als Hutu-Banden mehr als 700.000 Tutsi ermordeten und unzählige Frauen während des Massakers vergewaltigt wurden, das schließlich im Juli endete. Die Abrüstungskrise im Irak nach dem Ende des ersten Golfkriegs war auf ihrem Höhepunkt, mit viel Lärm und ohne Vertrauen zwischen den Beteiligten. In der Schweiz verübte eine Sekte namens "Orden des Sonnentempels" eine Reihe von Verbrechen und Massenselbstmorden, und hier in den Vereinigten Staaten ermordete Timothy McVeigh bei dem Bombenanschlag in Oklahoma City 168 Menschen. Während dieses Saturn-Transits durch die Fische wurde O.J. Simpson wegen Mordes an seiner Ex-Frau und seinem Freund verhaftet und nach einem langwierigen Prozess, der ein ziemliches Hollywood-Spektakel darstellte, freigelassen. In London wurde Fred West und seine Frau Rose inhaftiert, nachdem im Hinterhof ihres Hauses die Leichen mehrerer Mordopfer gefunden worden waren. In Südafrika fanden die ersten rassenübergreifenden Wahlen statt, und Nelson Mandela wurde zum Präsidenten gewählt, wodurch die Todesstrafe in diesem Land abgeschafft wurde. Russland und China unterzeichneten ein Abkommen, sich nicht mehr gegenseitig mit ihren Atomwaffen zu provozieren, und der Vertrag über die Nichtverbreitung von Kernwaffen wurde von 170 Ländern endlos erweitert. In Australien wurde vereinbart, die indigenen Völker zu entschädigen, die während der Atomtests in den 1950er und 1960er Jahren vertrieben worden waren.

Zu den weiteren Ereignissen während des Transits von Saturn in den Fischen gehören religiöse Strömungen, ideologische Bewegungen wie Sozialismus und Linksextremismus, die Übertragung von Krankheiten und Seuchen, zerstörerische Verhaltensweisen, die durch Panik ausgelöst werden, eine Zunahme des Drogenkonsums und die Entwicklung aller Arten von Kunst sowie die Mittel des Seeverkehrs.

Saturn in den Fischen wird dafür sorgen, dass wir uns nicht mit Spiritualität oder Angst vor bestimmten Konflikten drücken können, denen wir uns stellen müssen. Wir können meditieren, hundert Jahre in Tibet verbringen und die mächtigsten Mantras des Universums verwenden, aber irgendwann müssen wir auch handeln.

In den letzten Jahren, in denen Saturn den Wassermann durchquert hat, war es notwendig, sich auf die Individualität zu konzentrieren und aufrichtiger zu sein, anstatt den Zwang der Menschen um uns herum zu tolerieren. Obwohl Wassermann ein Zeichen ist, das dafür bekannt ist, nach seinem eigenen Rhythmus zu tanzen, hat Saturn uns dazu gebracht, mit uns selbst allein zu sein (erinnern Sie sich an die Einschränkungen während der Pandemie) und zu schauen, wo wir uns selbst platzieren können, um gesunde Grenzen zu schaffen.

All diese Lektionen haben uns auf das vorbereitet, was mit Saturn in den Fischen vor uns liegt. Wir werden anfangen, sensibler damit umzugehen, wie wir Spiritualität in unser tägliches Leben einbringen können, während wir gleichzeitig ein Verständnis dafür bewahren, wie wir uns selbst strukturieren können. Viele Menschen werden Religionen oder Dogmen aufgeben oder in Frage stellen.

Natürlich gibt es viele, die diese Zeit nicht genießen werden. Dazu gehören religiöse Führer und diejenigen, die Verschwörungstheorien verbreiten. Es wird zu Konflikten zwischen Menschen unterschiedlicher Religionen kommen, und es wird viele Tendenzen geben, zu versuchen, das zu beherrschen, was andere zu glauben wählen. Wir müssen akzeptieren, dass, nur weil andere nicht mit unseren Überzeugungen übereinstimmen, dies nicht bedeutet, dass sie falsch sind. Es bedeutet lediglich, dass ihre Ansichten anders sind, denn schließlich stehen die Fische für Exklusivität. Etwas, das uns fehlt.

Da Fische und Neptun die Unterhaltungsbranche regieren, werden große Studios und Plattenfirmen schließen, und viele Künstler, die mit diesen Studios verbunden waren, werden beschließen, ihre eigenen zu gründen. Wenn Sie ein Künstler sind, liegt es in Ihrem

Interesse, Ihre Arbeit gewinnbringend zu nutzen, anstatt den großen Unternehmen an der Spitze die Dividenden zu überlassen.

Es wird weniger Interesse an Spezialeffekten geben und eine stärkere Ausrichtung auf in sich geschlossene Filme und Themen, die den Alltag widerspiegeln. Wir werden die Schönheit um uns herum schätzen und weniger vom Glamour motiviert sein.

Oft neigen wir dazu, Karma als etwas Böses zu sehen, aber zu ernten, was man gesät hat, ist nicht schlecht, wenn man sich gut verhalten hat. Mit unserem karmischen und unterbewussten Gepäck zu arbeiten, die Vergangenheit zu verstehen und bereit zu sein, loszulassen, ist entscheidend, um diesen Transit zu bewältigen und erfolgreich aus ihm herauszukommen. Wenn Sie sich davor drücken, wird Saturn Sie bestrafen, aber wenn Sie sich darauf einlassen, werden Sie an einem Ort ankommen, der für etwas Großes prädestiniert ist.

Die Stellung von Saturn in unserem Geburtshoroskop zeigt an, wo wir gezwungen sind, die Kontrolle über die Realität zu gewinnen und größere Verantwortung zu übernehmen. Fische ist das letzte Zeichen des Tierkreises, so dass Saturns Bewegung hier auch einen End- oder Abschlusspunkt für einen viel größeren Zyklus anzeigen.

Fische ist ein Wasserzeichen, das für Licht, Dunkelheit und die unsichtbaren Welten steht. Es ist bekannt für seine abstrakten Ideen und seine Kreativität. Fische sind wandelbar, das heißt, sie sind anpassungsfähig und offen für die Energien der Welt um sie herum. Saturn ist eine sehr solide Energie. Er herrscht über Gesetz, Verantwortung und Beschränkungen, und seine Energie kann sich manchmal wie ein Weckruf anfühlen, der uns in die Realität zurückholt und uns die Konsequenzen unseres Handelns vor Augen führt.

Die Anwesenheit von Saturn in den Fischen könnte sich deshalb etwas schwer anfühlen, da die normalerweise wässrige, intuitive und sensible Energie der Fische gezwungen sein wird, etwas zurückhaltender zu werden.

Um es besser zu verstehen, kann man es sich so vorstellen: Wenn Fische ein sanft fließendes Wasser sind, wird die Anwesenheit von Saturn Dämme bauen, und diese Dämme können das Wasser in eine produktive und vorteilhafte Richtung lenken, aber es kann sich auch eher bedrückend oder kontrollierend anfühlen. Es gibt jedoch eine Möglichkeit, ein Gleichgewicht zwischen diesen beiden Energien herzustellen, da die kreativen, nicht greifbaren und äußeren Ideen der Fische-Energie dank Saturn einige Wurzeln schlagen können.

Saturn hat eine praktische Energie, und wenn wir diese mit der Kreativität der Fische kombinieren, können wir ein Gleichgewicht erreichen, das uns hilft, unsere kreativen Ideen zum Leben zu erwecken oder sie sogar in ein Unternehmen zu verwandeln.

Fische sind auch mit Religion und Spiritualität verbunden, so dass sich mit Saturn viele Fragen rund um Religion und Spiritualität stellen könnten und wie diese mit den Regeln, die die Gesellschaft regieren, zusammenhängen. Auch die spirituelle Industrie könnte unter dieser Energie einen Weckruf erhalten, oder auf einer persönlichen Ebene werden sich Ihre eigenen Einstellungen und Überzeugungen bezüglich Ihrer spirituellen oder religiösen Verbindung ändern.

Was Saturn von uns will, ist, dass wir die Verantwortung für unser Leben übernehmen und in Übereinstimmung mit unserem authentischen Selbst handeln. Saturn mag uns Grenzen und Beschränkungen auferlegen, die uns das Gefühl geben, gefangen zu sein oder unterdrückt zu werden, aber dies geschieht nur, damit wir uns die Zeit nehmen können, um zu entdecken, was wir wirklich wollen und wofür wir bereit sind, einzustehen.

Nachfolgend können Sie eine Zusammenfassung dessen lesen, was der Transit von Saturn in den Fischen für jedes Tierkreiszeichen bringen wird. Wenn du mehr aus all diesen Informationen herausholen willst, empfehle ich dir, diejenige für dein Aszendenten

Zeichen zu lesen, wenn du es kennst, und dann die Interpretationen zu kombinieren.

Eine weitere Möglichkeit, mehr über diesen kraftvollen Planetentransit zu erfahren, besteht darin, über die Themen nachzudenken, die sich in Ihrem Leben entwickelt haben, als Saturn das letzte Mal in den Fischen war, nämlich von 1994 bis 1996, um zusätzliche Informationen darüber zu erhalten, was dieser Zyklus Ihnen bringen kann.

Wie wird es sich auf das Zeichen Skorpion auswirken?

Saturn in den Fischen lässt seine Energie in dein Herzchakra einfließen und leitet dich dazu an, deine Vorstellungen von der Liebe und dem, was Liebe für dich bedeutet, neu zu gestalten. Unter dieser Energie wirst du dich durch ein tiefes und sehr persönliches Erwachen des Herzens bewegen, das es dir ermöglicht, dich mit der Liebe auf eine neue Weise zu verbinden.

Vielleicht treffen Sie eine Person, die diese Veränderung in Ihnen auslöst. Diese Person könnte alles sein, wonach sich Ihr Herz gesehnt und gewünscht hat, oder sie könnte alles sein, was Sie dachten, was Sie wollten, aber jetzt merken Sie, dass Sie etwas anderes wollen.

Am Ende dieses Transits werden Sie auf der anderen Seite klarer und sicherer wissen, was Sie wollen, wenn es um Ihre Beziehungen und das Geben und Empfangen von Liebe in Ihrem Leben geht.

Vielleicht ist Ihr Herz offener für die Liebe und in der Lage, sie mit offenen Armen zu empfangen, oder Sie stellen fest, dass Sie sich endlich mit der Art von Liebe verbinden, die sich für Sie richtig anfühlt.

Diese Liebesreise kann mit einer romantischen Beziehung verbunden sein, aber auch mit Kindern und der Liebe, die man empfindet, wenn man seinen kreativen Leidenschaften nachgeht.

Die Fische sind eine hochkreative Energie, und mit Saturn hier bekommt diese kreative Energie eine starke Präsenz, so dass sie besser in unsere Realität einfließen kann. Du bist in einer privilegierten Position, um diese Energie zu empfangen und mit ihr in deinem Leben zu arbeiten. Wenn Sie also ein kreatives oder enthusiastisches Projekt haben, das Sie gerne verwirklichen möchten, wird Saturn in den Fischen Ihnen helfen, es aufzubauen, zu manifestieren und zum Leben zu erwecken. Dies ist eine fantastische Energie für die Gründung eines kreativen oder sogar spirituellen Unternehmens. Oder wenn Sie schon immer als Beziehungsberater arbeiten wollten, bietet Ihnen diese Energie fantastische Unterstützung.

Die Arbeit an Ihrem Herzen kann eine Herausforderung sein, denn Liebe ist für viele von uns ein zutiefst persönliches Thema. Die Liebe ist die Wurzel von allem. Egal, was sich in den nächsten Jahren für Sie entwickelt, die Liebe ist wahrscheinlich irgendwo in den Wurzeln versteckt.

Das könnte ein Bedürfnis sein, sich selbst mehr zu lieben oder die Arme zu öffnen, um die Liebe zu empfangen, die Sie umgibt. Es könnte auch eine komplette Überarbeitung dessen sein, was du dachtest, was Liebe ist, aber jetzt erkennst du, dass es nur deine Schmerzen oder Traumata sind, die da sprechen.

Die Liebe kann eine schwierige Angelegenheit sein, und Saturn in den Fischen kann an Ihren Gefühlen zerren und die Dinge sogar verwirren. Du fühlst dich vielleicht zurückgehalten, wenn es darum geht, herauszufinden, wie du dich ausdrücken und anderen deine Liebe schenken kannst, und vielleicht fühlst du dich in diesem Prozess auch ein wenig ungeliebt. Aber Saturn hat immer einen Plan.

Auch wenn es leicht gesagt ist: Vertraut den Lektionen, die sich entfalten, und achtet besonders auf diejenigen, die in dieser Zeitspanne in euer Leben treten, vor allem, wenn es sich um romantische Verbindungen handelt. Sie sind Lehrer für dich, die geschickt wurden, um dir zu helfen, dein Herz zu öffnen. Saturn arbeitet manchmal auf mysteriöse Weise, aber er möchte, dass wir selbst herausfinden, was wir vom Leben wollen und wünschen.

Er will, dass wir erkennen, wofür es sich zu kämpfen lohnt und wofür wir die Verantwortung übernehmen wollen. Saturn kann uns einige harte Lektionen erteilen, wie ein Weckruf, bei dem wir erkennen, dass wir nicht weitermachen können.

Bei Saturn geht es um harte Liebe. Aber wenn wir uns durch seine Energie bewegen und uns mit dem, was sich entfaltet, wohler fühlen, können wir beginnen, die karmischen Geschenke zu empfangen.

Mit Saturn in den Fischen ist Ihr karmisches Geschenk das Beste, das es gibt, um Liebe zu erfahren, um zu wissen, wie sich tiefe Liebe anfühlt, und um unerschütterliche Liebe für sich selbst zu empfinden.

Selbstliebe ist auch ein wichtiger Teil dieses Transits, und es ist eine großartige Erinnerung, zu der man zurückkehren kann. Was auch immer geschieht, welchen Kampf du gerade durchmachst, frage dich: Wie kann ich mich selbst mehr lieben? Wie kann ich mir auf dieser Reise Selbstliebe zeigen?

Ein erwachtes Herz muss manchmal brechen, aber das ist nur eine Öffnung. Mit einem offenen Herzen kannst du es in neue Dimensionen ausdehnen, du kannst neue Dinge über dich selbst lernen und dich mit der Liebe verbinden, die du wirklich bist.

Auch die spirituelle Liebe ist Teil dieser Gleichung. Wir sind alle Liebe, und wir kehren zur Liebe zurück, das ist eine spirituelle Wahrheit, die leicht zu sagen und äußerst schwer zu fühlen ist. Diese Liebe in euch zu erkennen, wird ein wertvolles Werkzeug auf dieser Reise sein.

Selbstliebe ist eine ständige Reise, und manchmal fällt es uns leicht, uns selbst zu lieben, und manchmal nicht so sehr. In den nächsten Jahren werdet ihr herausgefordert werden, wenn es darum geht, was ihr von euren Beziehungen wollt, aber ihr werdet auf der anderen Seite klarer und mehr darauf ausgerichtet sein, wer ihr seid und die Liebe, die ihr verdient, zu geben und zu empfangen.

Diese Energie ist auch sehr kreativ, also fühlen Sie sich frei, sie auch auf Ihre Hobbys und kreativen Leidenschaften zu lenken. Bringen Sie Ihre Liebe durch Ihre Kunstwerke in die Welt, denn auch das ist ein kraftvoller Weg, mit dieser Energie zu arbeiten.

Saturn in Fische wird Sie auch daran erinnern, praktisch zu sein, besonders wenn es um Herzensangelegenheiten geht. Eine Liste zu erstellen, sich zu organisieren und eine praktische Herangehensweise zu wählen, wird hier begünstigt.

Als Wasserzeichen sind Sie sehr stark mit Ihren Gefühlen verbunden, aber Saturn in Fische wird Sie auffordern, Ihre Energie ein wenig mehr zu fokussieren und einen praktischeren und logischeren Ansatz zu wählen. Manchmal ist die einfache Antwort die beste Antwort. Manchmal können wir die Dinge in Schwarz und Weiß sehen, das ist es, wozu uns diese Saturn in Fische Energie anleitet.

Wenn Sie die Dinge aus einem praktischeren und logischeren Blickwinkel betrachten, fühlen Sie sich unter dieser Energie vielleicht besser geführt und geleitet. Wenn Sie nicht sicher sind, was Sie tun sollen, können kleine Schritte helfen.

Saturn geht sehr methodisch vor, und wenn Sie die Dinge in kleine, überschaubare Schritte unterteilen, werden Sie viel eher vorankommen, als wenn Sie versuchen, große Sprünge zu machen oder zu erahnen, was auf Sie zukommen könnte.

Tun Sie einfach, was Sie können, mit den Informationen, die Ihnen vorliegen. Gehen Sie in kleinen Schritten vorwärts, und schließlich werden Sie auf Ihrem Weg sein.

Saturn in den Fischen kann ein bisschen lästig sein, aber es ist ein unglaubliches Geschenk, das er dir macht. Er bietet Offenheit des Herzens und bringt dich näher an die Liebe, die du bist. Wenn Saturn sein Werk vollendet hat, wird die Liebe für dich eine andere Bedeutung haben. Die Liebe wird sich realer und zugänglicher anfühlen.

Literaturverzeichnis

Einige Informationen wurden aus den von den Autoren veröffentlichten Büchern entnommen: Liebe für alle Herzen, Geld für alle Taschen und Horoskope 2022 und 2024.

Artikel im Nuevo Herald, verfasst von einem der Autoren.

Über die Autoren

Zusätzlich zu ihren astrologischen Kenntnissen verfügt Alina Rubi über eine umfangreiche berufliche Ausbildung; sie hat Zertifizierungen in Psychologie, Hypnose, Reiki, bioenergetischer Kristallheilung, Engelsheilung, Traumdeutung und ist spirituelle Lehrerin. Rubi verfügt über Kenntnisse in Gemmologie, die sie nutzt, um Steine oder Mineralien zu programmieren und sie in kraftvolle Amulette oder Talismane des Schutzes zu verwandeln.

Rubi hat einen praktischen und zielgerichteten Charakter, der es ihr ermöglicht hat, eine besondere und integrative Vision von mehreren Welten zu haben, die Lösungen für spezifische Probleme ermöglicht. Alina schreibt die monatlichen Horoskope für die Website der American Asociation of Astrologers; Sie können sie unter www.astrologers.com lesen. Zurzeit schreibt sie eine wöchentliche Kolumne in der Zeitung El Nuevo Herald über spirituelle Themen, die jeden Sonntag in digitaler Form und montags in gedruckter Form erscheint. Er hat auch ein Programm und ein *wöchentliches Horoskop auf dem YouTube-Kanal dieser Zeitung. Ihr Astrologisches Jahrbuch wird jedes Jahr in der Zeitung "Diario las Américas" in der Rubrik Rubi Astrologa veröffentlicht.*

Rubi hat mehrere Artikel über Astrologie für die monatliche Publikation "Today's Astrologer" verfasst und Kurse über Astrologie, Tarot, Handlesen, Kristallheilung und Esoterik gegeben. Auf ihrem YouTube-Kanal stellt sie wöchentlich Videos zu esoterischen Themen zur Verfügung: Rubi Astrologa. Sie hatte ihre eigene Astrologie Sendung, die täglich über Flamingo T.V. ausgestrahlt wurde, wurde von mehreren Fernseh- und Radiosendungen interviewt und veröffentlicht jedes Jahr ihr "Astrologisches Jahrbuch" mit dem Horoskop nach Sternzeichen und anderen interessanten mystischen Themen.

Sie ist Autorin der Bücher "Reis und Bohnen für die Seele" Teil I, II und III, einer Zusammenstellung von esoterischen Artikeln, die in Englisch, Spanisch, Französisch, Italienisch und Portugiesisch veröffentlicht wurden. "Geld für alle Taschen", "Liebe für alle Herzen", "Gesundheit für alle Körper", Astrologisches Jahrbuch 2021, Horoskop 2022, Rituale und Zaubersprüche für den Erfolg im Jahr 2022, Zaubersprüche und Geheimnisse, Astrologie Kurse, Rituale und Zaubersprüche 2024 und Chinesisches Horoskop 2024 sind in fünf Sprachen erhältlich: Englisch, Italienisch, Französisch, Japanisch und Deutsch.

Rubi spricht perfekt Englisch und Spanisch und kombiniert alle ihre Talente und Kenntnisse in ihren Lesungen. Sie wohnt derzeit in Miami, Florida.

Weitere Informationen finden Sie auf der **Website** www.esoterismomagia.com.

Alina A. Rubi ist die Tochter von Alina Rubi. Sie studiert derzeit Psychologie an der Florida International University.

Seit ihrer Kindheit interessiert sie sich für alle metaphysischen und esoterischen Themen und praktiziert Astrologie und Kabbala seit ihrem vierten Lebensjahr. Sie verfügt über Kenntnisse in Tarot, Reiki und Edelsteinkunde. Sie ist nicht nur Autorin, sondern zusammen mit ihrer Schwester Angeline A. Rubi auch die Herausgeberin aller von ihr und ihrer Mutter veröffentlichten Bücher.

Für weitere Informationen kontaktieren Sie sie bitte per E-Mail: **rubiediciones29@gmail.com**

www.ingramcontent.com/pod-product-compliance
Lightning Source LLC
Chambersburg PA
CBHW060116120726
48003CB00009B/2666